KB053457

나는 '나'를
포기하지
않기로 했다

WATASHI WA "WATASHI" WO AKIRAMENAI KOTO NI SHITA
by Yuko Nakayama
Copyright© 2021 Yuko Nakayama
All rights reserved.
Originally published in Japan by SEISHUN PUBLISHING CO., LTD., Tokyo.
Korean translation rights arranged with SEISHUN PUBLISHING CO., LTD., Japan.
Through EntersKorea Co., Ltd.

이 책의 한국어판 저작권은 (주)엔터스코리아를 통해
저작권자와 독점 계약한 (주)산솔미디어에 있습니다.
저작권법에 의하여 한국 내에서 보호를 받는 저작물이므로
무단전재와 무단복제를 금합니다.

나는 '나'를 포기하지 않기로 했다

나카야마 유코 지음 | 이현욱 옮김

산솔
SANSOL MEDIA
미디어

이 책은 새로운 삶을 시작하기 위한 책입니다.

저는 가나가와현 쇼난에 살면서 창업 컨설턴트로 인생이나 직업에 대해 고민하는 30대 중반부터 50세 전후의 클라이언트를 대상으로 창업과 업무 방식에 대해 지원하는 사업을 하고 있습니다.

그런데 12년 전만 해도 저는 이와는 전혀 다른 인생을 살고 있었습니다. 저는 지방의 한 시청에서 직원으로 일했습니다. 그러니까 공무원으로 살았습니다.

다른 사람들이 봤을 때는 공무원이라는 안정된 직업을 가져서 좋겠다든가, 노후에 돈 때문에 걱정하는 일은 없을 것 같다고 생각했을지도 모릅니다. 적어도 부모님은 자식이 안정된 직업을 얻게 된 것을 기뻐했습니다.

하지만 저는 아니었죠.

"내 인생은 평생 이대로?"

어렸을 때는 '훌륭한' 사람이 될 수 있다고 생각했습니다.

막연하지만 큰 꿈을 안고 살았던 것 같습니다. 그런데 한편으로 공무원이 된 저는 이런 생각도 했습니다.

'아마 이대로 계속 산다면 생활이 힘들어지는 일은 없을 거야.'

하지만 서른이 넘었을 때쯤 저는 결심했습니다.

나는 '나'를 포기하지 않기로 했다고.

자신을 포기하지 않는 사람만이 인생을 바꿀 수 있다

여러분의 인생은 어떤가요?

아무런 후회도 없는 인생을 살고 있나요? 작은 후회는 있지만 큰 후회는 없다고 한다면 아주 훌륭합니다.

하지만 혹시 다음과 같이 느끼지는 않나요?

- 내 인생은 이대로 끝인 걸까?
- 한 번 사는 인생을 불태워 본 적이 없는 것 같다
- 나에게 뭔가 가능성이 더 있지 않을까?
- 내 인생을 더 꽃피우고 싶다

그렇다면 이 책을 꼭 끝까지 읽어주세요.

'아니, 이제 와서……'
'꿈을 꿀 나이는 이제 지났지……'
이런 생각은 하지 말기로 합시다.

제가 주재하는 창업 세미나와 강좌에 오시는 분들은 대부분 30대 중반부터 50세 전후입니다. 걸어온 인생도 경력도 제각각 다릅니다.

모두 처음에는 똑같이 "저 같은 건 이제 늦었겠죠?"라고 묻습니다. 하지만 참석한 분들의 대다수가 새로운 일을 발견하기도 하고, 독립해서 사업을 시작하기도 하고, 자신이 진짜 하고 싶은 일을 겸업하기도 합니다.

예를 들면 다음과 같은 분들도 있습니다.

- 중소기업에서 영업을 하던 사람이 커리어 어드바이저로 직종 전환
- 육아와 아르바이트 기간이 길었던 평범한 주부가 온라인 비서(인터넷을 활용하여 온라인으로 업무지원을 하는 서비스)로 창업
- 회사원으로 일하면서 브랜드 총괄 책임자로 창업

일하는 방식을 바꾸고자 하는 분들 가운데는 지금 하는 일을 계속하면서 새로운 기술을 배우거나, 본업과 병행하며 정말 하고 싶은 일을 시작하는 분도 있습니다.

'나'를 포기하지 않았던 사람만이 늦게 꽃을 피우며 꿈을 이루게 됩니다.

인생의 단계를 극적으로 바꾸는 '레시피'

'그렇게 쉽게 된다고?'라고 생각하는 사람도 있을 것입니다.

당연히 인생에서 성공의 매뉴얼 같은 것은 없기 때문에 쉽지 않습니다.

저 역시 공무원을 그만두고 창업을 했지만, 오랜 기간 성과

도 제대로 내지 못하고 힘든 시간을 4년 가까이 보냈습니다.

저금도 퇴직금도 다 써버리고, 일도 살 집도 없어지고 남편도 없었습니다. 결국 아무것도 없는 상태에서 남은 것은 빚뿐이었습니다. 부모님께 고개를 숙이고 본가로 들어가 정말 한심한 상태로 마흔하나가 되었습니다.

그렇지만 '나 자신'을 포기하지는 않았습니다.

배우자를 찾으면서 다시 사업을 시작했고, 삶의 방식과 일의 방식 역시 전부 바꿨습니다. 사업만으로 월 30만 엔 정도의 수입이 발생하기 시작한 것도 그때쯤이었습니다. 월수입이 100만 엔을 넘게 된 것은 마흔셋이 지나고 나서부터입니다.

지금은 강좌도 항상 만석이며, 컨설팅도 예약을 해놓고 3년은 기다려야 하는 감사한 상황입니다.

안정된 삶을 버리고 고생도 했지만, 그래도 지금의 일과 생활을 선택해서 정말 다행이라고 생각합니다.

여기까지 읽고 만약 여러분이 '앞으로의 인생은 기필코 제대로 꽃피워 보고 싶다', '또 다른 나의 인생을 발견하고 싶다'라는 생각이 든다면 꼭 끝까지 읽어주시기 바랍니다.

이 책에서는 '자신의 인생을 최고의 단계로 끌어올릴 수 있는 방법'을 소개합니다.

성공에 매뉴얼은 없지만 자신을 꽃피우는 '레시피'는 존재합니다. 이 책은 이 레시피에 따라 워크를 실행하면서 읽을 수 있도록 구성했습니다.

- 죽기 전에 후회하지 않는 '내가 정말 하고 싶은 일'을 발견하는 힌트
- 지금의 사는 방식과 일하는 방식에서 불필요한 것을 제거하는 요령
- 나 자신을 조금 더 활용할 수 있는 '무기'를 찾는 방법
- 단계를 이동하는 방법
- 일과는 별개로 마음 편한 생활을 할 수 있는 방법

이처럼 지금까지 나 자신을 포기하지 않고 꾸준히 노력하여 발견한 데다 경험으로 알게 된 모든 것을 전하려고 합니다.

이 책이 여러분이 행복한 미래의 단계로 갈 수 있는 기회가 되어 커다란 꽃을 피우는 계기가 되길 진심으로 바랍니다.

나카야마 유코

차례

○

2장 | '손에서 놓는 것'부터 시작한다
자신을 자유롭게 만드는 단계 이동

3장 | 나를 잘 살릴 수 있는 길을 만든다
자신의 무기를 발견하는 단계 이동

4장 | 단계 이동이 쉽게 이루어지는 기술
자신을 꽃피울 수 있는 단계 이동

5장 | 마음 편한 생활로 인생을 꽃피워 나간다
생활 방식을 바꾸는 단계 이동

1장

아무것도 되지 못한
나를 바꾸는 방법

— 대기만성 타입의 시작법

만약 오늘 죽는다면?

90퍼센트의 사람이 인생의 마지막 순간에 하는 후회

"만약 오늘 죽는다면 어떤 것이 후회될까요?"

클라이언트에게 이런 질문을 하며, 자신이 죽는 순간을 상상해 보라고 할 때가 있습니다.

인생의 마지막에 후회되는 일이 있다면 어떤 것이 있을까요?

책이나 인터넷 사이트에서 인생의 마지막 순간을 지켜보

는 의사나 간호사의 말이 정리된 것을 보면 죽는 순간에 하는 후회는 '그 사람에게 사과했으면 좋았을 텐데', '그런 말은 하지 말았어야 했는데'와 같이 우리가 일상생활 속에서 하는 후회가 아닌 것을 알 수 있습니다.

가장 많은 대답은 '더 나답게 인생을 살았으면 좋았을 텐데'였습니다.
물론 이 말을 표현하는 방법은 사람마다 다릅니다.
예를 들면 다음과 같이 말합니다.

· 더 나답게 살았으면 좋았을 텐데
· 더 나의 행복을 좇았다면 좋았을 텐데
· 다른 사람이 어떻게 생각하는지 너무 신경 쓰지 않았으면 좋았을 텐데
· 다른 사람의 기대에 보답하는 인생이 아니라 내가 원하는 인생을 살았으면 좋았을 텐데

다양한 말로 쓰여 있지만 이 한마디로 정리될 것 같습니다.
하지 않은 것들에 대한 후회.

이것이 가장 크게 후회되는 일입니다.

그러니까 '도전했었으면 좋았을걸'이라는 후회입니다.

저의 클라이언트들도 당연히 아무도 오늘 자신이 죽을 거라고는 생각하지 않습니다.

그래서 무언가 하고 싶은 일이 있어도 내일 하면 된다고 생각하거나, 조금 더 상황이 변하면 해야겠다고 미루는 경우가 많습니다.

다만 잘 생각해 보면 우리에게는 언젠가 확실히 이 세상을 떠나는 날이 찾아옵니다. 그날이 언제인지는 아무도 모르지만 반드시 찾아옵니다.

그날이 왔을 때는 후회해도 이미 늦습니다.

하지만 다행히도 우리에게는 아직 시간이 있습니다.

그 남은 시간을 어떻게 사용할지는 지금 이 순간 선택할 수 있습니다.

'만약 오늘 죽는다면?' 하고 상상했을 때 여러분이라면 어떤 생각을 할까요?

모든 것은 자신의 선택

예전에 '만약 오늘 죽는다면?'이라는 질문과 마주한 적이 있습니다.

저는 서른여섯에 16년을 근무하던 시청에서 나왔습니다. 퇴직한 이유는 후회하고 싶지 않았기 때문입니다.

지금으로부터 19년 전의 일입니다. 당시 저는 서른이었습니다. 정년까지 근무할 생각으로 시청에서 공무원으로 일하고 있었습니다. 저는 현장에 도움이 되고 싶다는 생각으로 코칭을 배우기 시작했습니다. 이때 '만약 오늘 죽는다면 무엇이 후회될까요?'라는 질문을 받았습니다.

그 질문에 대한 저의 대답은 다음과 같았습니다.

· 조금 더 도전할걸
· 내가 어디까지 통용되는지 세상에 나가 시험해 봤으면 좋았을걸
· 돈을 더 많이 벌걸
· 내 재능과 능력으로 나만 할 수 있는 일을 찾아볼걸
· 결혼도 한 번 해볼걸

- 아기를 낳을걸
- 사람들이 기뻐할 일을 더 많이 할걸

　전부 그때 하던 일(공무원)과는 거의 관계가 없는 일뿐이었습니다. 관계가 없을 뿐만 아니라 '더 멀리 밖으로 나가 자신을 시험해 보고 싶다'고 생각한다는 것을 깨달았습니다.

　그렇다고는 해도 당시에는 구체적으로 무엇을 하고 싶은지 잘 몰랐습니다.
　그 이전에 내가 무엇을 할 수 있는지조차 모르던 상태였습니다.
　하지만 '어쨌든 이대로 끝낼 수는 없다'라는 생각을 갖고 있었던 것만은 틀림없습니다.
　저의 진짜 마음을 알아채는 계기가 된 이 질문을 여러분도 꼭 한번 생각해 보면 좋겠습니다.

인생을 미래에서 바라보는 워크

혼자 조용히 있을 수 있는 장소로 가서 이 세상을 떠나는 순간을 한번 상상해 보세요. 그리고 스스로에게 솔직하게 대답해 보세요.

1. 어떤 곳에서 마지막을 맞이할까?

2. 무엇이 보일까?

3. 주위에는 누가 있지?

4. 있다면 그 사람들은 누구지?

5. 그 사람들의 표정은?

6. 그 사람들에게 어떤 말을 남기고 싶어?

7. 그 외에 누구에게 어떤 말을 남기고 싶어?

8. 이번 인생에서 하고 싶었던 일은?

9. 후회하는 일은?

10. 되돌릴 수 있다면 무엇을 해보고 싶어?

'뭔가가 되고 싶다',
그건 어떤 사람?

모두가 되고 싶은 '누군가'의 비밀

'이대로는 끝낼 수 없다.'

이런 생각을 한다는 것을 깨닫게 된 건 서른 정도였습니다.

그리고 6년 후 서른여섯이 되었을 때 공무원을 그만뒀습니다.

'좋았어! 이제부터 시작이야!'라는 의욕적인 자세로 어떤 미래를 만들고 싶은지 생각했습니다. 그리고 '언젠가 개인적인 일과 비즈니스로 해외를 오가는 일을 하고 싶다'는 생각을 품고, 미국 샌디에이고로 유학을 떠났습니다. 그리고 6

개월 후에 일본으로 돌아와 코칭으로 사업을 시작했습니다.

왜 코칭이었을까요? 당시의 제가 유일하게 가지고 있던 자격으로 혼자서 할 수 있는 일이었기 때문입니다. 특별히 코치가 되고 싶다거나, 코칭으로 유명해지고 싶다는 생각은 없었습니다.

그 당시의 저는 이런 생각을 했습니다.

'내가 나만의 방식으로 나만 할 수 있는 일을 통해 많은 사람들에게 도움이 되어 그들이 기뻐했으면 좋겠다. 그리고 돈도 많이 벌어서 효도도 하고 기부도 많이 해서 세상에 기여하면서 나답게 풍요롭게 살고 싶다.'

이런 '훌륭한 사람'이 되려고 결국 4년 동안 닥치는 대로 뭐든 했습니다.

'뭔가가 되려고 한다.'

클라이언트들과 만날 때도 정말 많이 목격하는 광경입니다.

이전에 한 패션잡지 특집에서 이런 설문조사를 본 적이 있습니다.

"젊은 시절에 큰 꿈을 가지거나, '나는 뭔가가 될 것이다'라는 생각을 한 적이 있습니까?"

이 질문에 대해 85퍼센트의 사람이 '있었다'라고 대답했습니다.

이 결과를 통해 꽤 높은 확률로 '뭔가가 될 수 있다' 또는 '되고 싶었다'라고 생각하는 사람이 많다는 사실을 알 수 있습니다.

30대 여성을 타깃으로 하는 이 잡지에서 이런 특집을 계획했다는 것을 보면 뭔가가 되지 못하고 고민하는 30대가 많다는 사실을 알 수 있습니다.

———

120여 년 전부터 있었던 '나 자신'에 대해서
다시 생각해 보는 시기

저의 클라이언트 중에도 서른 또는 마흔 전후의 나이에 나에 대해 다시 한 번 되돌아보고 싶다는 분들이 굉장히 많습니다.

저 역시 그랬기 때문에 신기하다는 생각이 들었는데, 알고 보니 사실은 120년도 더 전에 그 이유가 이미 설명되어 있었습니다.

"경험을 꽤 쌓았음에도 아무것도 되지 못해 초조해하고 화를 내고 괴로워하는……."

이런 시기를 지금으로부터 약 120년 전에 스위스의 정신과 의사이자 심리학자인 융은 '인생의 정오'라는 말로 표현했습니다.

융은 사람의 일생을 80년으로 보고 이를 태양의 움직임에 비유하여 다음과 같이 설명했습니다.

오전은 출생~청년기.
오후는 중년~노년기.

인생이 80년이라면 한가운데인 '정오'는 딱 40세가 됩니다.

요즘에는 '인생 100년'이라고 하지만 인생의 길이는 제각각 다릅니다. 그래도 대체로 30세 전후부터 50세 전후까지를 '인생의 정오'라고 생각하면 될 것 같습니다.

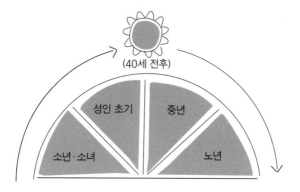

융의 '인생의 정오'

(40세 전후)

성인 초기   중년

소년·소녀   노년

실제 체감으로는 40세에 가까워지면 50세의 내 모습이 머
릿속을 스쳐가기도 하고, 결혼하고 다음 세대인 아이가 있
기도 하기 때문에 '인생의 반환점'에 와 있다고 느끼는 사람
도 많을 것 같습니다.

괴로움의 근저에 있는 것

저를 찾아오는 사람들이 바로 이 '정오'에 접어든 사람들

입니다.

이런 분들은 대개 다음과 같은 생각을 하고 있습니다.

'나이도 어느 정도 먹었는데 아직 아무것도 이룬 것이 없다(없는 것 같다).'

'다른 뭔가를 할 수 있을 것 같다는 생각이 드는데 그게 뭔지 잘 모르겠다.'

'내 재능과 능력을 살려서 사람들에게 도움이 되는 뭔가를 하고 싶다.'

'이제 더 이상 젊지도 않은데 괜찮을까 하는 생각이 든다. 하지만 뭔가가 하고 싶다. 어쨌든 이대로는 끝내고 싶지 않다.'

에너지는 남아 있는데 도대체 뭘 해야 좋을지 몰라 흔들리는 사람이 굉장히 많습니다. 저 역시도 그랬습니다.

이 책을 읽고 있는 여러분은 어떠세요?

사실 '인생의 정오'는 '위기의 시기'라고도 불리고, 괴로워하며 흔들리는 것이 당연한 타이밍입니다.

오전의 이미지를 떠올려 보면 이해하기 쉽습니다.

밤이 지나고 날이 밝아 해가 높아지면 점점 빛이 강해져 생활하기 편해지고, 우리 뇌의 움직임도 활발해지고 몸에도 에너지가 넘쳐 지칠 줄 모르고 힘이 납니다.

인간의 일생과도 비슷합니다.

오전은 인간의 출생부터 청년기(30대 중반까지)까지로 놀고 배우면서 다양한 것을 흡수하고, 자신의 그릇과 가능성을 점점 넓혀가는 시기입니다.

그런데 '정오(30대 후반 이후)'가 되면 체력도 점점 떨어지고, 이미 경험한 일이 매일매일 반복된다고 느끼며 '이대로 괜찮은 걸까?'라고 생각하기 시작합니다.

그리고 지금까지의 나를 되돌아보고 '결국 아무것도 되지 못했잖아……', '뭔가가 됐어야 하는데……'라고 초조해하고 짜증을 내고 불안감에 휩싸입니다.

그도 그럴 것이 인생의 마지막을 의식하기 시작하는 시기이기 때문에 초조함과 불안함도 생기기 시작하는 것입니다.

하지만 사실 '정오'는 태양이 가장 높은 곳에 위치하는 시간대입니다.

그러니까 '아직 할 수 있다. 아직 일할 수 있다. 놀고 배우고 아직 여러 가지를 할 수 있다!'라고 생각할 수도 있습니다.

그렇지만 오전과 똑같이는 지낼 수 없고 지내기도 싫습니다.

왜냐하면 오후에도 오후에 해야 할 역할이 있기 때문입니다. 그 오후의 역할이란 '오전에 키운 것을 통합하여 성숙시켜 나가는 것'입니다.

하지만 도대체 어떻게 해야 그런 오후를 보낼 수 있는지에 대해 고민하는 사람이 많습니다. 이것이 괴로움의 뿌리입니다.

뭔가가 될 수 있는 건 오히려 지금부터

특히 여성에게 인생의 오후는 다양한 변화가 일어나는 시기입니다.

사생활에서도 결혼하거나 아이가 태어나 생활환경이 변하는 사람이 많죠. 그에 따라 가족의 변화가 생기기도 합니다. 그리고 직업 면에서 경력에 대해 생각하는 바도 많은 것이 이 시기의 특징입니다.

'육아는 일단락되었지만, 계속 전업주부였기 때문에 콕 집어 말할 수 있는 경력이 없다.'

'경력을 우선시해서 결혼하지 않고 여기까지 왔지만, 앞으로도 이대로 괜찮을까?'

'그 사람은 저렇게 반짝반짝 빛나는데, 나는 도대체 뭘 해왔던 거지?'

이런 식으로 주위와 비교하며 초조해하다가 '나는 도대체 어떤 사람이지?' 하는 고민과 함께 나 자신과 앞으로의 인생과 일에 대해서 생각하기 시작합니다.

20세기 후반에 레빈슨이라는 미국의 심리학자가 인생의 정오에 접어든 시기에 해야 할 일에 대해 다음과 같이 말했습니다.

1. 젊은 시절을 되돌아보고 재평가할 것
2. 지금까지의 인생에서 불만이 있는 부분을 수정할 것
3. 새로운 가능성을 시도해 볼 것
4. 인생의 오후에 들어서면서 생긴 과제를 발견할 것

이 네 가지를 실행한다면 오후의 시간이 바뀔 것이라고 했습니다.

레빈슨이 내세운 이 네 가지 과제가 제가 주재하는 '스테

이지 시프트(stage shift, 단계 이동)' 세미나와 강좌에서 하는 것들과 겹쳐졌기 때문에 솔직히 놀라지 않을 수 없었습니다.

저는 인생 후반의 삶과 일을 통해 원하는 대로 인생을 꽃피우는 방법을 전하고자 합니다. 그러면 제가 구체적으로 어떤 일을 하는지 레빈슨의 설에 따라 소개해 보도록 하겠습니다.

1. 이제까지 경험해 온 것 가운데 잘하지 못하는 것과 할 수 있는 것을 제대로 파악한다
2. 마음에 담고 있는 것을 다 비워서 불만이나 불안, 미래에 불필요한 것들을 깨끗하게 버린다
3. 자신의 재능과 능력으로 새로운 가능성을 시도한다
4. 그리고 인생 후반의 사는 방식과 일하는 방식을 파악하고, 조금씩 그리고 확실하게 생각대로 자신을 꽃피운다

이것을 저는 '대기만성 스타일'이라고 부릅니다.

'인생의 오전'에는 뭔가 확 잘되는 일이 없었다고 느끼는 사람이 있을지도 모릅니다. 하지만 그사이에 다양한 경험을

쌓아 어릴 적보다 확실히 성장하여 스스로는 깨닫지 못한, 많은 '할 수 있는 일'이 생겼습니다. 그리고 인간으로서도 성숙해졌습니다.

그러니까 사실은 '인생의 정오'에 왔기 때문에 자신과 인생을 꽃피울 기회가 많은 것입니다. 자신을 꽃피워서 뭔가가 되어가는 건 오히려 이제부터일지도 모릅니다.

그다음은 이를 위한 방법과 계기를 알고 자신의 인생을 바꿀 결단만 내리면 됩니다. 이 책은 이것에 대해서 말하고자 합니다.

인생의 단계stage를 자신의 의사와 선택으로 '내가 바라는 스타일'로 바꿔 나아갑니다. 그리고 나답게 인생을 꽃피우는 것이죠.

아무것도 될 수 없는
진짜 이유

———

당신의 '무의식'이 제한을 두고 있다

'내 능력을 살려서 다른 사람에게 도움이 되고 싶다.'
'내가 할 수 있는 일로 세상에 기여하고 싶다.'
'나와 비슷한 사람들의 고민을 해결해서 그 사람들이 행복
해졌으면 좋겠다.'

이런 생각을 할 수 있기 때문에 인간은 멋지다고 생각합

니다.

그런데 이처럼 '이상理想의 단계에 있는 나'를 머릿속에 그렸을 때 이런 말이 떠오르지 않나요?

'다 그럴듯한 말이지.'

'이상'이라는 것은 아직 자신이 도달하지 못한 단계입니다.

그렇기 때문에 이상의 나와 지금의 나 사이에는 당연히 갭이 생깁니다.

아무런 힘도 없는(없다고 생각하는) 지금의 내 입장에서는 그 이상이 반짝반짝 빛나는 '그럴듯한' 것으로 느껴질 수 있습니다.

그래서 이상에 대해서 말할 때 아무래도 안절부절못하거나 주저주저하게 됩니다.

이렇게 안절부절못하고 주저주저하는 상태에서는 마음이 진정되지 않고 불편합니다.

그러면 변화를 싫어하고 안정을 추구하는 우리의 무의식은 '안심할 수 있는 상태를 만들자!' 하고 일을 시작합니다.

즉 '지금까지의 나'로 돌아가려고 합니다.

지금까지와 똑같다면 익숙하기 때문에 무의식은 안심할

수 있습니다.

'역시 지금 이대로가 제일 좋잖아.'

'이상 같은 건 겉만 번지르르한 거야.'

'맞아, 맞아.'

이렇게 스스로를 정당화시키고, '일단 지금은 하던 대로 하자'라고 생각하며 원래대로 되돌아가 버립니다.

이렇게 이상의 단계로 가는 걸 미루고 포기해서 결국 이상의 단계 그 자체를 없었던 것으로 만들어버립니다.

이것이 '아무것도 될 수 없는 진짜 이유 첫 번째'입니다.

———

'할 수 없는 것'만 바라보면서 '할 수 있는 것'은 하지 않는다

또 다른 이유도 있습니다.

그것은 '할 수 없는 것'만 바라보면서 '할 수 있는 것'은 하지 않기 때문입니다.

과거의 제가 그랬습니다.

공무원을 그만두고 미국에서 귀국한 저는 38세에 사업을 시작했습니다.

그렇다고는 해도 프리랜서가 되었을 뿐, 비즈니스의 방법도 몰라서 블로그에 써두면 클라이언트가 찾아올 것이라는 안이한 생각을 가지고 있었습니다(웃음).

그러고는 이런저런 하고 싶은 일과 되고 싶은 것들을 동경하고 상상하면서, 당시의 저로서는 도저히 닿을 수도 없는 것들만 하려고 했습니다.

한 사람도 모으지 못하면서 10명 규모의 세미나를 개최하려고 하고, 비즈니스의 기본도 생각하지 않고 잘나가는(잘나가는 것처럼 보이는) 사람들을 표면적인 부분만 보고 따라 하려고 했습니다. 그뿐만 아니라 친구의 말만 듣고 사업을 시작하려고 빚을 지기도 했습니다.

겉으로 좋아 보이는 것만 따라 하려고 했기 때문에 당연히 뭘 해도 잘되질 않았습니다. 그리고 초조해하며 제자리에서 헛돌기만 했습니다.

그 상태로 4년. 공무원을 그만둔 이후 제대로 일도 하지 못하고 기회도 잡지 못했습니다. 아무도 모르게 사라져간 블로그와 홈페이지가 몇 개나 되는지(웃음).

그렇게 일이 잘 풀리지 않는 상태가 오래 지속되었기 때문에 정신을 차려보니 퇴직금도 저금도 모두 바닥이 나 수도·전기·가스 요금조차 내기 힘든 상태였습니다. 그리고 저에게 남은 건 오직 빚뿐……

'이대로는 안 되겠다.'

진지하게 이런 생각을 하기 시작했을 때, 후에 저의 멘토가 된 분의 메일 매거진을 보게 되었습니다.

그 메일 매거진에는 '조금씩 착실하게 그리고 확실하게 해야 할 일을 한다'는 것의 중요성이 다양한 각도에서 쓰여 있었습니다.

사실 저는 이전에도 다른 두 사람에게 각각 이런 말을 들은 적이 있었습니다.

"일 이전에 제대로 착실하게 매일매일을 보내야 해요."

"나 이상으로 소중하게 생각하는 사람을 생각하고, 다른 사람을 보살피는 일상을 보내세요."

특별한 '누군가'가 되는 것이 아니라 모두가 일상적으로 하는 일을 당연하게 하는 것.

그리고 일이 크든 작든 관계없이 내가 할 수 있는 일을 담담하게 착실하게 하라는 말이죠.

그 당시의 저는 모든 시간을 나만을 위해서 썼습니다.

모든 것을 스스로 결정하는 상황은 언뜻 멋져 보이지만, 누군가를 위해 자신의 능력을 쓰고 싶다고 생각만 할 뿐 현실적으로는 그 생각과는 먼 생활을 하고 있었습니다.

자고 싶을 때 자고 일어나고 싶을 때 일어나며, 식사도 하고 싶으면 하고 하기 싫으면 하지 않고. 그리고 나와 똑같이 잘 풀리지 않는 사람들과 모여 꿈과 희망을 이야기하며, 무엇인가 하고 있는 것 같은 기분만 느끼는 사람이었습니다.

부끄럽지만 하나씩 착실하게 해야 할 일을 하라는 말을 세 사람에게 듣고 나서야 말하는 것과 하는 것이 일치하지 않고 마음만 들뜬 상태였다는 사실을 알아차렸습니다.

그래서 42세 생일을 눈앞에 두고 뼈아픈 충고를 받아들여 제대로 현실과 마주하고, 아주 작은 일도 착실하게 하나씩 해나가겠다는 각오로 컨설턴트의 문을 두드렸습니다.

배수의 진을 치고 '한 번밖에 없는 나의 인생을 만족스러운 형태로 바꿔 나가자!' 하고 결심했습니다.

일상 80퍼센트, 이상 20퍼센트

'저렇게 되고 싶다', '이런 걸 하고 싶다'라는 이상을 내거는 것은 굉장히 멋진 일입니다. 하지만 이상만 있다면 땅에서 발이 뜬 상태가 되어버립니다.

이상을 생각하면서도 우리가 사는 것은 지금 '현재'라는 사실을 직시해야 합니다.

그래서 '일상'이 중요합니다. 그 일상을 하루하루 쌓아가면 그것이 '미래'가 되기 때문이죠.

즉 '지금'이라는 일상에 중점을 두는 것이 정말 중요합니다.

배수의 진을 치고 '다시 사업을 하자!'라고 마음먹은 저는 내가 할 수 있는 일에 대해 진지하게 생각했습니다.

그런데 생각하면 할수록 '아무것도 하지 못하는 나'의 처지를 자각하게 되었습니다.

그리고 주위 사람들과 비교하며 '나는 도대체 이제까지 뭘 한 거지?' 하고 우울해했던 날들.

하지만 그렇게 있을 수만은 없었습니다. 당시에는 파견직으로 일하고 있었는데, 그 생활이 계속 이어지는 것은 정말 싫었기 때문입니다.

모처럼 도전하려고 안정된 공무원 생활까지 버렸는데 말이죠.

내가 무엇을 할 수 있을지는 모르겠지만, 그때 두 가지를 마음속으로 정했습니다.

하나는 '결혼'입니다.

그리고 다른 하나는 '메일 매거진'을 날마다 쓰는 것.

결혼에 대해서는 뒷부분에서 다시 이야기하겠습니다. 그런데 메일 매거진은 쓸 소재가 아무것도 없는 상태였습니다. 하지만 컴퓨터 자판을 치는 건 지금이라도 당장 할 수 있었기 때문에 일단 써보자고 생각했습니다.

낮에는 파견직으로 일했기 때문에 업무 시작 전, 점심시간, 퇴근 후, 주말을 '쓰는 시간'으로 활용했습니다. 날짜가 지나버려 '오늘은 보내지 못했다' 하는 날도 있었지만 매일 쓰는 일을 놓지 않았습니다.

그리고 6개월, 1년이 지나면서 처음에는 19명밖에 없던 구독자가 100명, 300명으로 늘어났습니다.

구독자가 늘어 '유코 씨의 글이 좋아요', '유코 씨의 메일 매거진이 하루의 즐거움입니다'라는 메일도 받게 되면서 구독 신청을 하는 사람도 많아졌습니다.

그렇게 쌓은 하루하루가 지금의 단계로 이어졌다는 사실은 부정할 수 없기 때문에, 할 수 있는 일이 아무것도 없던 시절의 나를 지금은 자랑스럽게 생각합니다.

하루하루를 제대로 살지 않았던 시절의 저는 그런 지루하지만 기본적인 일을 하지 않았습니다. 지금 당장 할 수 있는 일에 집중하지 않고 할 수 없는 일만 하려고 했던 것이죠. 이상만 추구하며 일상은 소홀히 했습니다.

일상에 집중하려면 다음과 같은 방법이 있습니다.

- 오늘 하루를 얼마나 진심을 다해 살았는가?
- 오늘 하루 나를 얼마나 단련하고 충족시켰는가?
- 당연함 속에서 얼마나 행복을 찾고 감사해했는가?

이런 질문을 던져보는 것입니다.

그리고 옮겨가고 싶은 이상理想의 단계를 생각해 보고, 할수 있는 일을 꾸준히 해나가는 것이죠.

이것이 '단계 이동'의 가장 중요한 포인트이고 지름길입니다.

비율로 말하자면 일상이 80퍼센트, 이상이 20퍼센트입니다.

그저 꿈만 꾸던 시절의 저는 일상 10퍼센트, 이상 90퍼센트 정도였죠(웃음). 이렇게 일상과 이상의 비율이 역전되면 발을 땅에 제대로 붙이고 살 수 없습니다.

그렇다고 해서 일상 100퍼센트, 이상 0퍼센트의 비율로 일상만 남게 되어도 단계 이동은 이루어지지 않습니다.

자, 여러분은 어떤 비율로 지금을 살고 있나요?

'내 인생, 겨우 이 정도였어?'의
쳇바퀴를 멈추려면?

'언젠가', '곧'은 죽어도 오지 않는다

단계 이동을 하는 방법을 소개하기 전에 먼저 생각해 볼
점이 있습니다.

그것은 뒤로 미루는 마음을 고치는 것입니다.

누구나 한 번쯤은 뒤로 미뤄본 경험이 있을 것입니다.

• 조금 더 돈에 여유가 생기면~
• 조금 더 아이가 크면~

- 조금 더 준비가 되면~
- 회사 일이 일단락되면~
- 타이밍이 맞으면~
- 내년쯤이 되면~
- 살이 빠지면~

이렇게 이런저런 이유를 대며 '언젠가', '곧' 하면서 미룬 적이 다들 있을 것입니다.

앞서 말한 것처럼 우리의 무의식은 마음 편한 환경을 좋아합니다.

새로운 단계로 진입하는 것은 변한다는 것. 무의식에 변화는 불안한 것입니다. 무의식은 현상 유지를 좋아하고 변화를 싫어합니다.

그렇기 때문에 '아직 괜찮지 않나', '조금 더 이렇게 있으면……' 하고 변화를 미루고 싶어 합니다.

저도 이렇게 미뤄온 것이 있습니다.

바로 결혼입니다.

'곧', '그럴 마음이 생기면', '좋은 사람이 나타나면' 등등이 예전의 제 입버릇이었습니다. 정신을 차려보니 마흔이 훨씬 지나 있었습니다.

사실은 한 번은 결혼을 해보고 싶었지만 항상 '언젠가'였죠. 그렇지만 그 '언젠가'는 아무리 시간이 지나도 오지 않았습니다. 이 사실을 깨닫는 순간 이런 생각이 들었습니다.

'이대로라면 죽을 때 후회할 거야…….'
'분명 다음 생에는 꼭 결혼하겠다고 생각하겠지…….'

그때 마흔이 넘었다고는 해도, 죽기 전까지는 아직 시간이 있었습니다. 그런데도 '다음 생에는'이라고 생각한 것입니다. 그때까지 미루려고 했다니 정말 어이가 없었죠(웃음).

이렇게 미루는 데는 '기한'이 없습니다.

왜냐하면 무의식이 안심하고 싶어 하기 때문입니다. 변하지 않기 위해 미루는 것이기 때문에 '언젠가', '곧'이 언제든 지금이 계속되길 바라는 무의식에는 아무런 상관도 없습니다.

그러니까 '언젠가'나 '곧'이라고 말하는 한, 새로운 단계로 올라가는 것은 영원히 불가능합니다.

기한을 공개적으로 말하면 때가 가까워진다

그렇다면 여러분은 얼마나 자주 '언젠가' 또는 '곧'이라고 말하나요?

그리고 그것을 어떻게 하고 싶은가요?

'이대로 좋아'라고 생각한다면 그대로 살면 됩니다.

하지만 '아니, 가능하다면 어떻게든 바꾸고 싶어'라는 생각을 한다면 일단 미루고 있는 일에 '기한'을 정해야 합니다.

그 기한은 되도록 '숫자'로 표시하면 좋습니다.

예를 들면 다음과 같습니다.

- 조금 더 돈에 여유가 생기면 ⇨ 금액은 정확히 얼마? 언제까지 그 돈을 모을 수 있어?
- 조금 더 아이가 크면 ⇨ 정확히 몇 살?
- 조금 더 준비가 되면 ⇨ 구체적으로 어떤 준비? 그 준비는 언제 끝나?
- 회사 일이 일단락되면 ⇨ 일단락이라면 구체적으로 어떤? 일단락되는 건 언제지?

- 타이밍이 맞으면 ⇨ 어떤 상황이 돼야 타이밍이 맞다고 생각하지? 그렇게 되는 건 언제지?
- 내년쯤이 되면 ⇨ 내년 몇 월?
- 살이 빠지면 ⇨ 몇 킬로가 되면?

저는 42세 생일이 있는 달(7월)부터 인터넷에서 결혼할 배우자를 찾기 시작했습니다. 만남이 없는 상황에서 좋은 사람이 없다고 말한들 아무런 소용도 없다고 생각했습니다. 그렇다면 만날 수 있는 곳으로 가자고.

기한은 6개월로 정했습니다.

연말까지 6개월이 남아 있었기 때문에 시간적으로도 딱 좋았습니다.

하지만 실제로 남자와 만나지 않는다면 의미가 없습니다. 그래서 프로필을 만들어 활동 지역을 정하고, 원하는 남성 스타일을 등록하고 '좋아요'도 누르고 메시지도 보냈습니다. 연락이 오는 사람에게도 답장을 하면서 몇 명과 만남도 가졌습니다.

그 결과, 그렇게 알게 된 현재의 남편과 결혼이 결정되어 예정대로 반년 만에 배우자 찾기에 성공했습니다. 그리고 지금까지 잘 살고 있습니다.

기한은 '일단'으로도 괜찮습니다.

상황이 매일 바뀌기 때문에 생각한 대로 진행되기 어렵고, 중간에 마음이 바뀌기도 하기 때문이죠. 그렇지만 일단 기한을 정하면 '언젠가', '곧'이라는 시간을 확실히 가까이 끌어당길 수 있습니다.

그러니까 꼭 자신의 '언젠가'와 '곧'에 기한을 설정하는 것이 성공의 지름길입니다.

사람들에게 선언하면 무의식이 내 편이 된다

그리고 자신이 정한 기한을 조금 더 현실적으로 만드는 방법이 있습니다.

바로 사람들에게 선언하는 것이죠.

이렇게 하면 미루는 습관을 버리는 데 효과가 더 높아집니다.

사람들에게 말해 버리면 이렇게 생각하겠죠.

'일단 말을 해버렸으니까.'

어찌 됐든 성실한(웃음) 여러분은 착실하게 약속을 지키려고 할 것입니다.

그리고 사람들 앞에서 말하면 강력한 어떤 것을 내 편으로 만들 수 있습니다.

그것은 바로 '사람의 무의식'입니다.

사람의 의식에는 '의식(현재의식)'과 '무의식(잠재의식)'이 있습니다. 의식은 겨우 5퍼센트, 나머지 95퍼센트는 무의식이 차지하고 있습니다.

'의식'은 나도 자각하고 있는 것으로 스스로 제어할 수 있습니다.

한편 '무의식'은 스스로도 자각하지 못하는 의식입니다. 본 것, 들은 것, 아는 것, 느낀 것이 축적되어 있는 영역이라고 할 수 있습니다.

스스로 제어는 불가능합니다. 하지만 꿈이나 번뜩임, 직관이라는 형태로 힘을 발휘합니다.

'언제까지 나는 이렇게 할 거다', '언제까지 나는 이렇게 될 거다'라고 공개적으로 말하면 이 무의식을 내 편으로 만들 수 있습니다.

이것은 생각보다 꽤 강력한 힘을 가집니다.

다른 사람에게 하는 말은 다름 아닌 나 자신이 듣게 됩니다.

즉 자신의 '무의식'에 선언하는 것입니다.

'언제까지 나는 이렇게 할 거다', '언제까지 나는 이렇게 될 거다' 하고 말이죠.

이렇게 사람들에게 말하는 것으로 자신의 무의식에 선언할 수 있습니다. 이와 동시에 그 선언을 들은 사람들의 무의식 속에서도 같은 일이 일어납니다.

그렇게 더 많은 사람들의 무의식 속에 같은 이미지가 생기면 여러분의 바람은 더 쉽게 현실화됩니다.

이상의 단계에 있는 나를 생각한다

우리는 몇 살이든 어떤 타이밍이든 자신이 원하는 대로 꽃 필 수 있습니다.

하지만 이 사실을 믿지 못하기도 하고, 잊어버리기도 합니다.

왜냐하면 어떤 이상을 그려도 우리가 살아가는 것은 어제와 다르지 않은 일상이기 때문입니다.

그 일상 속에서는 잘되지 않은 일도 수없이 많고, 아무것도 하지 못하는 자신에게 실망하는 일도 일어납니다. 저도 마찬가지입니다.

그렇지만 그럴수록 더 의식하려고 합니다.

자신이 원하는 '이상의 단계에 있는 나 자신'을요.

어쩌면 머릿속에 그리는 이상이나 이상의 단계를 의식하고 있다는 사실을 주위에 들키고 싶지 않다고 생각하는 사람도 많을 것입니다. 그 이유는 앞서 말한 것처럼 '그런 건 겉보기만 그럴듯한 건가' 하고 생각하기 때문입니다.

그래서 왠지 모르게 부끄럽다는 생각이 들기도 합니다.

꿈이나 희망을 서로 이야기하는 지인이 주위에 없다면 더더욱 그럴 것입니다. 우리는 모두 마찬가지라고 생각하면 안심하기 때문이죠. 저도 공무원이던 시절에 이상을 말로 표현하는 것을 부끄럽게 생각하여 사람들에게 제대로 말하지 못했습니다.

그렇지만 주위에 이런 이야기를 하는 사람이 없다고 해도 크게 영향을 받을 필요도 없고, 다른 사람들에게 맞출 필요도 없습니다.

그런데 그것도 그렇지만 애초에 이상의 단계에 있는 나는 주위에 크게 좌우되지 않을 것이라는 생각이 들지 않나요?

이렇게 이상의 단계에 서 있는 자신을 의식하는 순간 여러분은 이상의 나로 변해갑니다. 그러면 이상의 내가 지금의 나를 앞으로 끌어줄 것입니다.

왜냐하면 이상의 단계에 있는 나로서 사고하고 행동하려고 하기 때문입니다.

그렇게 되면 '내 인생, 겨우 이 정도였어?' 하는 생각이 줄어들고 어느샌가 저절로 이상에 가까워지게 됩니다.

꼭 이 순간부터 한번 의식해 보세요!

그리고 방황하거나 변명을 하게 될 것 같다면 이렇게 생각해 보세요.

'그 단계에 있는 나라면 어떻게 할까?'

목적지를 정하자!

하와이에 갈 수 있는 진짜 이유

"왜 하와이에 갈 수 있을 거라고 생각해?"

이런 질문을 받으면 여러분은 이렇게 대답할 것입니다.
"돈이 있으니까."
"시간에 여유가 있으니까."
그렇죠, 그것도 그렇습니다. 하지만 사실은 다릅니다.
하와이에 갈 수 있는 진짜 이유.

그것은 목적지를 하와이로 정했기 때문입니다!

돈이 있으니까, 시간이 있으니까 하와이에 갈 수 있는 것이 아닙니다.

실제로는 돈과 시간이 있어도 어디에도 가지 못하는 사람도 있고 돈이나 시간이 있으면 유럽, 두바이 등 어디든 가는 사람도 있습니다.

그렇다면 '왜 하와이에 갈 수 있는가'라고 한다면 하와이에 가기로 정하고 하와이행 비행기와 현지 호텔을 예약하고 비행기 시간에 맞춰 공항에 가서 비행기를 타기 때문입니다.

너무 당연한 이야기라고 생각하는 사람도 많을 것입니다. 그렇죠. 여행에서는 당연한 이야기입니다. 하지만 이 당연한 것을 살면서 하지 않는 사람이 너무 많습니다.

우리는 인생을 흔히 '여행'에 비유하곤 합니다.

아마도 인생은 이 세상에서 가장 긴 여행일 것입니다. 그것도 목적지조차 없는 여행. 정답이 없는 여행.

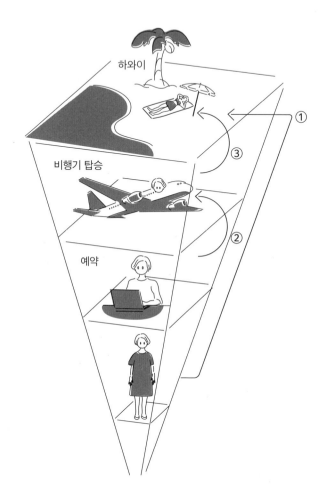

'단계'를 바꾸는 루트

하와이

① ③

비행기 탑승

②

예약

목적을 정했기 때문에 그곳에 도달할 수 있는
수단이나 방법을 찾는다.

학교에서는 공부와 문제의 답을 가르쳐줍니다. 그렇지만 사회인이 되면 전부 스스로 생각해서 결정해야 합니다. 하지만 그냥 어쩌다가 다른 사람들에게 휩쓸려 버리는 경우가 생깁니다.

학교를 졸업하면 모두 취업을 준비하니까 별생각 없이 취업 준비를 해서 회사에 들어갑니다.

전부 결혼을 하니까 또 별생각 없이 나도 결혼해야겠다고 생각하고, 출산하면 선택의 여지 없이 육아를 해야 합니다.

스스로 생각하고 결정하는 것처럼 보이지만 사실은 그렇게 특별히 깊게 생각하지 않고, 고심해서 결단을 내리는 것이 아닌 경우도 많습니다.

주변 사람들이나 그 당시의 상황에 따라 되는 대로 하다가 결과는 운에 맡겨버립니다. 목적지를 정하지 않은 채 유랑하는 여행자처럼 말이죠.

이런 사람이 정말 많습니다.

그래서 행복하다면 그것으로 괜찮다고 생각합니다.

그렇지만 이 책을 손에 든 여러분이라면 분명 나에게도 할 수 있는 일이 있지 않을까 하고 마음속 어디선가 생각하거나, 이대로 사는 건 싫다고 생각할 것 같습니다.

그렇다면 우선 '무엇을 하고 싶은가', '어떻게 되면 좋을까'
라는 목적지 설정을 해야 합니다. 하와이에 갈 때처럼 말이죠.

이상의 단계(목적지)를 설정하는 워크

포인트는 '내가 어떤 모습이라도 될 수 있다면'이라고 생각하는 것입니다. 누군가의 얼굴색은 더 이상 살피지 말고, 자신이 하고 싶은 대로 원하는 만큼 상상해 보세요. 이 워크가 잘되고 있는지 알 수 있는 사인은 '고개를 끄덕이는지 아닌지'입니다.

1. 어떤 사람이 되고 싶나요?

2. 어떤 일을 하고 싶나요?

3. '이랬으면 좋겠다'고 생각하는 업무나 수입은?

4. '이렇다면 멋지겠다!' 하고 생각하는 생활은? (장소, 주거, 인간관계)

신경 써야 할 것은 '타인의 얼굴색'이 아니라 '내 얼굴'

목적지를 설정할 때 주의해야 할 점이 있습니다.

그것은 '타인의 눈, 주변의 눈을 신경 쓰지 않는 것'입니다.

주의하지 않으면 '이렇게 하면 주변도 이해하겠지'라는 선택지를 선택해 버리기 때문입니다.

저도 마찬가지였습니다. 공무원을 그만두기로 결정하기까지 3년이 걸렸습니다.

그만둔 후의 생활에 불안을 느낀다는 것도 이유 중 하나였지만, 가장 큰 이유는 '주변(특히 부모님)에서 무슨 말을 들을지 몰라서'였습니다.

공무원으로 계속 일하면 적어도 무난하게는 살 수 있기 때문이죠. 나 이외의 모든 사람이 그렇게 생각하고 있으니까. 그래서 그만두고 싶어도 그만두질 못했습니다.

이렇게 다른 사람들의 얼굴색을 살피며 자신의 본심을 숨기는 일은 모두에게 있을 것입니다.

하지만 자신의 인생을 대신해 줄 수 있는 사람은 아무도 없습니다. 내가 어떻게 되어도 누군가가 그 일을 중간에 이어받아서 해줄 수도 없으며, 누군가의 탓을 할 수도 없습니다.

그러니까 누군가의 얼굴색을 살피고 있을 시간이 없습니다.

가장 신경 써야 할 것은 '내 얼굴'입니다.

주변이 날 이해할 수 있도록, 또는 모두가 이렇게 하니까 하고 주변에 휩쓸려 지낸다면 수년 후에 자신의 얼굴이 어떻게 될지 한번 생각해 보세요.

가장 잘 생각해야 할 것은 이 지점입니다.

저도 마흔이 넘었으니 자신의 얼굴에 책임을 지라는 말을 들은 적이 있습니다. 젊은 시절에는 피부에도 탄력이 있고, 존재만으로도 반짝반짝 빛나기 때문에 충분히 숨기는 것이 가능합니다(웃음).

그렇지만 매일매일 무엇을 생각하고 지내는지가 긴 세월에 걸쳐 얼굴에 새겨집니다.

아무리 예쁘게 꾸며도 못된 심보를 가지면 얼굴도 고약해지고, 불안과 불신으로 가득하면 불안하고 의심에 찬 얼굴로 변합니다.

나이가 들수록 어떻게 살아왔는지가 얼굴에 드러나는 것입니다.

어떤 얼굴로 바뀐다 해도 그 얼굴은 내 것입니다.
누구라도 좋은 얼굴을 하고 싶겠죠. 그렇게 되기 위해서는 진정 바라는 것이 무엇인지 아는 것이 굉장히 중요합니다.

목적지가 결정되면 행동을 역산한다

여행을 갈 때는 어디에 가고 싶은지 목적지부터 생각하게 됩니다.
회사원들은 틈을 내기가 쉽지 않기 때문에 휴가 날짜나 기간에 맞는 장소를 선택하기도 하지만 어쨌든 '언제', '어디'부터 결정합니다.

실제 비즈니스도 똑같습니다.
예를 들어 '1년 안에 1,000만 엔을 모으자!'라는 목표를 세웠다고 해도 그 과정을 아무것도 생각하지 않고 멍하게만 보내면 1,000만 엔은 당연히 모을 수 없습니다.

그렇기 때문에 다음과 같은 순서로 생각해 봅니다.

1. 이번 목표를 1,000만 엔으로 정한다

2. 이 목표를 달성하기 위한 작은 목표를 세운다

3. 할 수 있는 일을 생각한다

4. 하나씩 실천한다

이것은 돈에만 적용되는 것이 아닙니다.

'올해는 출판이 목표다!'라고 할 수도 있겠죠.

이렇게 '어떤 단계로 가고 싶어?', '어떤 단계에 서고 싶어?'
라고 목적지를 결정하는 것이 굉장히 중요합니다.

우리의 생활이나 일도 완전히 동일합니다.

비즈니스의 예시를 인생에 대입해 보면 이렇게 됩니다.

1. 큰 목적지(가고 싶은 단계)를 가능한 한 자세히 그려본다

2. 그곳에 도달하기 위한 작은 단계를 그려본다

3. 할 수 있는 일을 생각한다

4. 하나씩 실천한다

이렇게 목적지에서 역산해서 행동하는 것입니다.

어쩌면 목표나 행동 같은 말을 들으면 바로 의욕이 사라지는 사람이 있을지도 모릅니다(웃음).

하지만 괜찮습니다. 실제로 저도 별로 좋아하지는 않지만 '진정한 바람'을 목적지로 설정하기 때문에 '목적지로 가는 길이 즐거워서 어쩔 줄을 모르겠어!' 하는 상태가 됩니다.

이 책을 마지막까지 읽는다면 자신의 진정한 목표를 발견하거나, 그 목표에서 역산한 행동이 자연스럽게 이루어질 것입니다. 구체적으로 할 일도 하나씩 소개할 테니 계속해서 즐겁게 읽어주시면 감사하겠습니다.

자, 이제 여러분의 단계 이동을 시작해 볼까요?

미래의 이미지가
잘 그려지지 않는 사람에게

'자신의 미래의 단계'를 발견하는 힌트

이제까지 '이 세상을 떠날 때(죽을 때)'와 '목적지(이상의 단계)', 이 두 가지의 미래를 그려보는 이야기를 했습니다.

그런데 이미지가 잘 그려지지 않거나, 아무것도 떠오르지 않는 사람도 있을 것입니다.

가장 먼저 말하고 싶은 것은 그런 자신을 탓해서는 안 된다는 것입니다. 왜냐하면 이미지를 그릴 수 없는 데는 확실한 이유가 있기 때문입니다.

그 이유는 두 가지입니다.

1. 이상에 대한 샘플이 부족하다
2. 애초에 너무 바쁘다

하나씩 설명해 보겠습니다.

단계가 변하지 않는 사람은 이상에 대한 샘플이 부족한 것이다

혹시 이런 이야기를 들은 적 없나요?

'자신의 수입은 친하게 지내는 5명의 평균 수입과 비슷하다. 그러니까 수입을 올리고 싶다면 사귀는 친구를 바꾸면 된다.'

미국의 사업가 짐 론이 말한 '5인의 법칙'입니다. 자신의 처한 환경과 평소에 보고 듣는 것이 자신을 만듭니다. 그런 현재의 내가 이상의 단계와 그곳에 있는 자신의 이미지를 떠올리는 것이기 때문에 갭이 너무 커서 어려운 것입니다.

그렇기 때문에 미래로 공간 이동을 할 수 있는 이상에 대한 샘플이 필요합니다.

'이렇게 되고 싶다!', '괜찮을지도!'라는 생각이 들어 마음이 움직이는 이상의 샘플을 모아야 합니다.

예를 들면 패션잡지를 보는 것도 굉장히 효과적입니다. 그러면 '이 모델 스타일이 좋다!'라는 생각이 들겠죠. 그걸로 충분합니다.

[워크타임 2]에서 이야기한 '이상의 단계(목적지)를 설정하는 워크'의 포인트가 기억나나요?

'내가 어떤 모습이라도 될 수 있다면?' 하고 생각해 보라고 했었죠. 그러니까 '나에게는 어울리지도 않아'와 같은 생각은 하지 않아도 됩니다.

'스타일이 엄청 좋다면 어떤 옷을 입고 싶어?'

이런 것부터 이미지를 떠올려 나갑니다.

또 저는 다음과 같은 생각을 자주 이미지로 그려봤습니다.

'나라면 어디에서 어떻게 사진을 찍을까?'

지금은 마치 모델처럼 사진을 찍을 기회가 1년에 몇 번 정도 있습니다. 그러니까 정말 이미지로 그리던 것이 현실이 된 것입니다.

잡지 이외에 가까이서 샘플을 수집할 수 있는 곳으로는 SNS, 책, 유튜브, TV 등이 있습니다. 그러니까 마음을 움직이는 이상의 샘플을 한가득 모아 다양하게 이미지를 그려 봅시다.

'왠지 괜찮을 거 같아!' 하는 것을 발견한다면 꼭 그 이유를 생각해 보길 바랍니다. 그렇게 하면 '앞으로 이렇게 하고 싶다!'라는 이미지가 점점 떠오를 것입니다.

단계 이동이 불가능한 사람들의 두 가지 공통점

'단계를 이동하고 싶지만 좀처럼 잘되지 않는다…….'
이런 생각을 하는 사람들에게는 공통점이 있습니다.
바로 너무 바쁘다는 것입니다.
이 '너무 바쁜 것'에는 두 가지 종류가 있습니다.

하나는 '시간이 없다'는 것.
업무, 집안일, 육아, 아이들의 학교 행사, 모임 등등 할 일이 많아서 하루, 한 달이 눈 깜짝할 사이에 지나가 버리는 경우가 많습니다. 너무 바빠서 미래 같은 것을 차분히 생각해볼 시간이 없는 경우입니다.

다른 하나는 '생각할 용량이 남아 있지 않다'는 것.

답이 나오지 않는 문제를 한사코 생각하거나, 빨리 끝내면 될 일을 언제까지고 미루기만 합니다.

이렇게 되면 뇌는 '이것도 해야 하고 저것도 해야 하고' 하면서 계속 기억을 해야 하는 상태가 되어 그 사이에 '뇌의 메모리'를 그만큼 쓰지 못합니다.

인지심리학에서는 이 '뇌의 메모리'를 '워킹 메모리'라고 부릅니다. 뇌는 일정 시간에 기억할 수 있는 용량과 자유롭게 사고할 수 있는 용량이 정해져 있습니다.

휴대전화와 컴퓨터를 예로 들어보겠습니다. 처음 샀을 때는 아무런 스트레스도 받지 않고 가볍고 쾌적하게 사용할 수 있지만 점점 속도가 느려집니다. 다운로드를 한 앱이나 소프트웨어, 사진 등으로 사용 가능한 용량이 줄어들기 때문입니다.

우리의 뇌에서도 이런 현상이 일어납니다. 답이 나오지 않는 문제를 언제까지고 계속 붙들고 있거나, 나중으로 미루는 일이 많으면 그만큼 뇌의 용량이 꽉 차서 움직임이 둔해집니다. 그러면 미래에 대해서 생각하거나 이미지를 그릴 수 있는 용량이 남아 있지 않은 상태가 됩니다.

이 시간이 없는 문제와 생각할 용량이 남지 않은 문제는 여성에게 특히 더 많이 생깁니다.
미래에 대해 이미지가 잘 떠오르지 않는 사람은 이 두 가지 문제를 해결할 필요가 있습니다.

이때 중요한 것이 '손에서 놓는 것'입니다.
생각한다 해도 어쩔 수 없는 불안과 걱정을 하나씩 손에서 놓아버릴 것. 그리고 동시에 너무 바쁜 상황에서 벗어날 필요가 있습니다.
이렇게 하면 이상의 단계를 그리기가 쉬워져 새로운 목표를 찾을 수 있습니다.

2장부터는 단계 이동을 위해서 '손에서 놓는' 요령을 소개합니다.

'손에서 놓는 것'부터
시작한다

소중한 것을
소중히 하기 위해서

'이걸 한다'보다 '이걸 하지 않는다'를 결정한다

뭔가를 하고 싶다고 생각했을 때 우리는 자신도 모르게 너무 많이 담으려고 합니다.

하지만 우리는 공연스레 바쁜 시대를 살고 있습니다. 일에 쫓기며 하루하루를 보내다 보면 '응? 내가 하고 싶은 게 뭐였지?' 하면서 하고 싶던 일과 가고 싶던 길을 잊어버리기도 합니다.

그렇게 되지 않기 위해서 굉장히 중요한 것이 있습니다.

'하지 않을 것'을 결정하는 것.
그러니까 뭔가를 하고 싶을 때, 무엇을 하는지도 중요하지만 무엇을 하지 않는지가 더 중요하다는 뜻입니다.
지금 이 세상에는 정보와 상품이 넘쳐나고 배움의 장 역시 다양하게 마련되어 있습니다. 이런 상황에서는 항상 무엇을 선택할지에 대한 감각이 중요합니다.
그렇지만 자신에게 필요한 것을 순간적으로 고를 수 있는 사람은 평소에 자신이 소중하게 생각하는 것을 알고 있는 사람입니다.

참고 하는 일이나 더 이상 필요하지 않은 것, 불쾌한 것 등을 손에 많이 쥐고 있으면 자신에게 무엇이 중요한지도 잊어버리게 됩니다. 그래서 막상 하고 싶은 일과 관련된 기회가 찾아와도 잡지 못합니다.
그렇기 때문에 자신의 감각이나 감정을 평소에 잘 갈고닦아야 합니다.
이를 위해서는 '이건 하지 않는다'를 결정해야 합니다.
기분 좋게, 가뿐하게 이상의 단계로 가기 위해서 '하지 않을 것'을 정해보세요.

이제부터 구체적인 예시를 다양하게 소개하겠습니다.

'지나치게 열심히 하는 것'을
그만둔다

혼자서만 열심히 하고 있어서는 다음 단계로 넘어갈 수 없다

'열심히 하는 사람이 정말 많다.'

많은 성인 여성과 만나면서 항상 하는 생각입니다.

일단 지나치게 열심히 하면서 상대방의 배려나 도움을 솔직하게 받아들이지 못하는 사람이 정말 많습니다. 상대방을 지나치게 배려하여 기대지도 못하고 부탁도 하지 못하기 때문에 혼자서 열심히 하는 것입니다.

저도 책임감이 강해서 다른 사람에게 부탁하지 못하고 혼자 이리 뛰고 저리 뛰는 타입입니다. 잔재주가 많아서 오히려 잘 풀리지 않는 사람으로, 일도 어느 정도는 요령 있게 할 수 있습니다. 그러면 '다른 사람에 기대기보다 혼자 하는 게 빠르네!'라고 생각하게 되어 결과적으로 전부 혼자서 다 끌어안는 상황이 됩니다.

사업을 시작하고 나서도 계속 혼자 일을 해왔습니다.

하지만 점차 이대로는 한계에 다다를 것이라는 생각이 들었습니다.

시간은 모든 사람에게 하루 24시간씩 공평하게 주어집니다. 일을 전부 혼자서 하려면 한계에 부딪히게 됩니다. 그리고 저는 주부이기도 하기 때문에 일만 하고 있을 수도 없습니다.

'열심히 하면 할 수 있어. 지금처럼 하면 되잖아. 하지만 이보다 더 잘할 수는 없어.'

이런 생각이 절실해졌습니다.

그래서 과감하게 일을 다른 사람에게 부탁하게 되었습니다.

하지만 오랜 세월에 걸쳐 익숙해진 혼자 하는 습관을 손에서 놓아버리는 데는 생각과는 달리 용기와 결단이 필요

했습니다.

처음에는 어떻게 해달라고 원하는 것을 말하거나 업무 방법을 알려줘야 합니다. 이 시간과 수고가 아까워서 혼자서 열심히 했던 것입니다.

그래서 이런 시간과 수고를 들이는 것이 필요한 단계라고 받아들이고, 조금씩 다른 사람에게 부탁하는 일을 늘려갔습니다.

실제로 일을 맡기고 나서 알게 된 사실이 있습니다.

다른 사람들이 놀랄 정도로 일을 잘해 준다는 것입니다.

오히려 내가 하는 것보다 속도가 빠르기도 하고 질이 좋기도 합니다.

'뭐야, 내 능력을 너무 과신했네……' 하고 깨닫게 되었습니다(웃음).

다른 사람에게 일을 맡기면서 제 일은 압도적으로 편해졌고, 다른 일에 쓸 수 있는 시간도 훨씬 많아졌습니다.

그래서 '이런 식으로 해보면 어떨까?', '이걸 하면 모두가 기뻐할까?' 하고 고객들이 좋아할 만한 것이나 새로운 것을 생각하는 시간이 늘어났습니다. 바로 미래를 생각할 수 있는 뇌의 용량이 늘어난 것입니다.

원래 새로운 일을 생각하거나 하는 것을 좋아하기 때문에 예전보다 더 일이 즐거워졌습니다. 이에 따라 수입도 늘어났습니다.

그리고 그 늘어난 수입으로 또 다른 사람에게 일을 의뢰할 수 있었습니다.

그러면 그 사람도 수입이 늘어나 좋아하겠죠.

이런 행복한 순환을 만드는 것이 자신의 단계를 바꾸는 데 중요한 스텝입니다. 혼자 다 끌어안지 말고 하나둘씩 주위에 부탁하거나 맡겨보도록 합시다.

잘하지 못하는 것을 극복하는 것이 아니라 잘하는 것을 활용한다

어린 시절에는 잘하지 못하는 것을 어떻게 극복해야 하는지가 교육의 중심이었던 것 같습니다. 생각해 보면 검은 칠판 위에 쓰인 표어가 '단점의 극복'이었던 적도 있습니다(웃음).

이 단점 극복을 실컷 해보고 알게 된 사실이 있습니다.

'잘하지 못하는 것을 잘하게 되는 경우는 거의 없다'는 것입니다.

분명 열심히 하면 어느 정도까지는 할 수 있는 경우도 있습니다. 하지만 잘하게 되는 일은 거의 없으며, 좋아지는 일도 거의 없습니다(웃음).

내가 제대로 못하는 일에서는 그 일을 처음부터 좋아하거나 잘하는 사람에게 어떻게 해도 이길 수 없습니다.

한편 잘하는 일은 잘하지 못하는 일의 몇 배나 편하고 쉽게 끝낼 수 있습니다.

그러니까 잘하지 못하는 일을 극복하는 것은 깨끗이 포기합니다. 그리고 잘하는 일을 끝까지 해냅니다.

이쪽이 일로 이어지고 돈이 됩니다. 게다가 고생도 안 하고 편하게!

사무를 잘하는 사람은 기업가의 사무 보조나 온라인 비서로 활약할 수 있습니다. 사업을 하는 사람들 중에는 새로운 아이디어를 내는 것은 잘할지 몰라도 사무적인 부분은 전혀 처리하지 못하거나, 바빠서 사무까지 신경을 쓰지 못하는 사람이 굉장히 많습니다.

그렇기 때문에 지금 내가 단계를 바꾸고 싶거나 더 활기차게 살고 싶다고 생각하는 클라이언트에게는 특기를 더 발전시키라고 말합니다.

자신에게 맞는 일, 하고 싶은 일을 하라고 말이죠.

서툰 일은 처음부터 하지 않아도 됩니다.

그 일을 계속하는 한 자신을 잘 활용할 수 없을 테니까요.

하루는 24시간밖에 없습니다. 편하게 빨리 할 수 있는 일을 많이 하는 편이 많은 성과를 낼 수 있습니다. 그리고 많은 사람들에게 도움이 되어 그 사람들이 기뻐하는 길로 이어집니다.

그러니까 나의 장점을 살릴 수 있는 길로 빨리 이어지는 것입니다.

잘하지 못하는 것을 손에서 놓는 워크

1. '지금 바로 그만두고 싶다!' 또는 '다른 사람에게 부탁할 수 있다면 좋겠다!'라고 생각하는 일은 무엇입니까?

2. 그 일을 잘할 것 같은 사람은 어떤 사람입니까?

지금은 주위에 그런 사람이 없더라도 괜찮습니다. '이런 사람에게 부탁하고 싶다'고 생각되는 사람을 구체적으로 그려봅니다.

'어려운 인간관계'를
그만둔다

'에너지 뱀파이어'는 요주의 인물

사람들과 만나고 돌아와서 '뭔가 힘이 난다!'라는 생각이 들 때도 있지만, '왠지 지친다'라는 생각이 들 때도 있습니다.

전자의 사람은 에너지를 주는 사람.

후자의 사람은 에너지를 빼앗는 사람.

당연히 그 당시 상대방의 상황이나 자신의 상태도 영향을 주겠죠. 하지만 기본적으로 에너지를 빨아가는 사람은 항상 그렇습니다.

이런 사람을 '에너지 뱀파이어'라고 부릅니다.

'어쩌면 내가 에너지 뱀파이어가 아닌가'에 대해서도 신경 써야 하지만(웃음), 의외로 자신도 모르게 에너지 뱀파이어와 만나고 있을지도 모릅니다.

만나자고 하니까, 일이니까, 시간이 있으니까, 묻고 싶은 게 있어서 등등. 그리고 집에 돌아와 '왠지 오늘은 피곤하네' 하고 한숨을 쉬면서 씻는 것입니다.

에너지 뱀파이어에게 에너지를 빨려버리면 나 역시 뱀파이어가 되어버립니다.

왜냐하면 에너지를 다 빼앗겨 에너지가 부족해지면 어디서든 에너지를 채워야 합니다. 자주 있는 경우는 가족에게 짜증을 내어 상대를 위축시켜 에너지를 빼앗는 것입니다.

그렇기 때문에 만약 주위에 에너지 뱀파이어가 있다면 되도록 만나는 횟수를 줄이고 거리를 둡니다. 그 사람이 있든 없든 여러분의 인생에 아무런 영향도 끼칠 수 없기 때문에 멀어지면 됩니다.

우리는 에너지를 주고받으면서 좋은 관계를 만들어갑니다.

그러니 오늘부터 에너지에 대해 조금씩 의식해 보면 좋을 것 같습니다. 나에게서 나오는 에너지와 다른 사람한테서 나오는 에너지에 대해서 잘 알게 될 것입니다.

마음에 들지 않는 제안은 직설적으로 거절한다

예전에 저는 부탁이나 제안을 거절하지 못하는 사람이었습니다.

아주 마음이 내키지 않더라도 '좋아! 가자, 가자!' 하고 동의해 버리는, 말하자면 '좋은 사람'이었습니다.

제안을 거절하지 못하는 사람의 심리에는 다음의 세 가지가 있다고 합니다.

- 상대방을 불쾌하게 만들고 싶지 않다
- 좋은 사람으로 생각되고 싶다
- 인간관계를 망치고 싶지 않다

그러니까 '미움을 받기 싫은' 것입니다.

과거의 저도 그랬던 것 같습니다.

2013년에 발매된 《미움받을 용기》라는 책이 있습니다. 일본 국내에서 총 200만 부 이상이 팔렸고 전 세계적으로는 600만 부 이상이 판매된 베스트셀러입니다. 지금도 서점 순위의 상위를 차지하고 있을 정도로 많은 사람들이 읽고 있습니다.

그만큼 우리는 근본적으로 다른 사람에게 미움받기 싫어하는 심리를 가지고 있습니다. 즉 다른 사람들과의 마찰을 두려워하는 것입니다.

우리는 어릴 때부터 친구들과 친하게 지내야 한다는 말을 들으며 자라왔고, 특히 일본에는 '모두와 함께', '모두와 똑같이'를 좋은 것이라고 생각하는 풍조가 있습니다. 그래서 모두와 함께하면 왠지 모르게 안심이 됩니다.

그리고 다른 사람들과 다른 것, 흐름을 거스르는 것을 두려워하는 경향이 있습니다.

하지만 '좋은 사람'으로 사는 것은 미덕이기도 하지만, 한편으로 너무 '좋은 사람'으로 살면 항상 타인을 우선시하게 됩니다. 그래서 내가 정말 하고 싶은 일은 항상 뒤로 미루게 됩니다. 그러면 자신의 바람은 점차 잊어버리게 됩니다.

내키지 않는 인간관계는 에너지를 빼앗고, 단계를 바꿀 때 제동을 걸게 됩니다.

그러니 일단은 '좋은 사람'으로 사는 걸 그만둡니다.

타인의 일을 우선시하고 자신의 일을 뒤로 미루는 것이 아니라, 자신의 일과 자신이 정말 하고 싶은 일을 우선적으로 해야 합니다.

———

버려야 할 인간관계를 알아채는 사인

손에서 놓아야 할 인간관계에 대해서 이야기해 보도록 하겠습니다.

꼭 한번 이것을 머릿속에 그려보세요.

'그 사람과 만났을 때, 또는 그 장소에 갔을 때 지치는 정도'

만약 그 사람과 만나서 힘을 얻었다면 손에서 놓을 필요도, 거절할 필요도 없습니다. 하지만 갑자기 피곤해진다면 그것은 손에서 놓아도 된다는 사인입니다.

저의 경우는 그것이 '사람'이기도 하고 '장소'이기도 합니다.

사람들이 많이 모이는 곳이나 모르는 사람이 있는 장소가 그렇습니다.

사업을 막 시작했을 때는 차회나 교류회에 가기도 했습니다. 어쩌면 고객이 되어줄 사람이 있을지도 모른다는 부질없는 생각이 솔직히 있었습니다(쓴웃음).

그런데 지치기만 했습니다.

애초에 마지못해 간 것이기 때문에 사람들과 친해지지도 못했고, 당연히 고객이 되어줄 사람도 있을 리 없었습니다. 지친 정도로 말하자면 굉장히 컸습니다.

그 후로는 '여기는 좋을 거 같아', 또는 '역시 가보는 것이 좋을까'라는 생각이 들 때마다 먼저 이 지치는 정도를 생각합니다.

'응, 지치네'라는 생각이 들면 가지 않습니다. 이렇게 선택하는 것입니다.

사람의 경우도 마찬가지입니다. 지친다는 생각이 들면 만나지 않고, 약속도 잡지 않고 거절을 합니다.

이렇게 자신의 기준을 가지고 있으면 다른 사람에게 맞추는 일이 점점 줄어듭니다.

그러면 자신의 취향이나 불편한 사람, 불편한 환경을 알게 됩니다. 즉 자신을 점점 더 잘 알게 되는 것입니다.

우리는 자기 자신은 잘 모르기 마련입니다.

무엇이 나에게 행복인지, 어떻게 일을 하고 싶은지 잘 모릅니다.

이런 상태에서 행복하게 살고 싶다고, 일하고 싶다고 해도 가능할 리 없습니다.

그래서 나 자신을 아는 것이 매우 중요합니다. 나에 대해서 잘 알면 우리는 원하는 대로 사는 방식도, 일하는 방식도 바꿀 수 있고 처음부터 다시 만들어갈 수도 있습니다.

이를 위해서라도 자신의 호불호를 알아두는 것이 중요합니다.

그리고 자신의 취향이 아닌 것은 깨끗하게 버리는 것 역시 중요합니다.

'일정이 없으니까 일정을 넣는다'를 그만둔다

단계를 바꾸고 싶지만 좀처럼 잘되지 않는다는 사람들의 공통점이 너무 바쁜 것이라는 이야기를 조금 전에 했습니다.

뇌의 메모리 용량이 남아 있지 않기 때문에 생각할 시간이나 여유가 없습니다.

제가 사업을 재정비했을 때 이런 걸 배웠습니다.

'내 사업을 한다면 무엇보다 먼저 생각할 시간을 확보해야 한다.'

당시의 저는 익숙하지 않은 SNS 이외에도 몇 시간 동안, 때로는 며칠 동안 블로그와 메일 매거진을 썼습니다. 이 이외에도 모집·집객, 고객 대응, 행사장 예약, 강좌 당일 준비 및 행사장 설치까지 전부 혼자 했습니다.

이런 눈앞의 일들이 너무 많아서 생각할 시간 같은 건 거의 없었습니다. 그러면서 점점 한계에 달했습니다.

생각만큼 사람도 모이지 않았고, 어떤 글을 써도 반응이 없었습니다.

그러던 어느 날, 당시의 멘토에게 상담을 했더니 이 말을 해줬던 것이죠.

그래서 일단 하던 일을 멈추고 생각할 시간을 먼저 확보하기로 했습니다. 그랬더니 얼마 지나지 않아 사람들이 모이기 시작했고, 일도 잘되기 시작했습니다.

이것은 사업에 한정된 이야기가 아니라 자신의 미래를 만들어갈 때도 마찬가지입니다. 앞서 내키지 않는 제안을 거절하고 지치는 인간관계는 버린다고 이야기했습니다. 이것은 자신의 시간을 확보하기 위해서 필요한 일들입니다.

내키지 않는 제안을 승낙하는 것보다 집에서 멍하게 있거나 낮잠을 자는 편이 훨씬 건설적입니다.

멍하게 있거나 낮잠을 잔다는 이야기를 하면 '그런 건 일정이 아니야'라는 생각을 하게 되는데, 이것은 잘못된 생각입니다.

일정이 없는 것도 일정이다.

우리에게 무엇보다 중요한 것은 '시간'입니다.

하루는 24시간, 1년은 365일입니다.

이것만은 아무리 돈이 많아도 늘릴 수 없습니다.

물론 일반 열차보다 조금 돈을 더 내고 고속 열차를 타서 목적지에 빨리 도착하는 것은 가능합니다. 걷지 않고 택시를 이용하거나, 일반 도로가 아닌 고속도로로 갈 수는 있겠죠. 이렇게 돈으로 시간을 조금은 살 수 있습니다. 하지만 하루는 24시간, 1년은 365일. 이것은 무엇으로도 바꿀 수 없습니다.

'이 정해진 시간 속에서 무엇을 할 것인가'가 인생의 본질이 됩니다.

그래서 '앞으로 어떻게 할까?'를 생각하거나 '나는 어떤 걸 좋아하지?', '사실은 어떤 걸 하고 싶지?'를 이리저리 생각해보는 시간은 정말 소중합니다.

하루하루를 그냥 흘려보내면 이런 시간은 뒷전이 되어버립니다.

그러니 가장 먼저 '일정이 없는 날'을 확보합니다.

다른 사람이 보면 아무런 일정도 없는 날이라도 나에게는 앞으로의 생활과 업무 등으로 이어지는 소중한 시간입니다.

'할 수 없다, 무리다,
어렵다'를 버린다

모든 것을 '할 수 있다는 전제'로 생각하는 사고법

얼마 전 수험생으로 한 강좌에 참석했습니다.

항상 주최자였지 참가자가 되는 건 오랜만이었습니다. 굉장히 신선했고 다양한 발견을 하게 되었습니다.

그중 하나가 무슨 일이 생길 때마다 "어렵네" 하고 중얼거리는 사람, '할 수 없다는 전제'로 생각하는 사람이 많다는 것입니다.

저는 모든 것을 '할 수 있다는 전제'로 생각하는 것이 습관화되어 '어떻게 하면 실현 가능하지?', '어떻게 하면 더 쉽게 할 수 있지?' 같은 것만 생각하기 때문에 얼굴을 찡그리고 '음……' 하고 있는 사람과 같이 있는 것이 오히려 굉장히 신선했습니다.

하지만 이런 상태에서는 전혀 앞으로 나아갈 수 없습니다.
예전의 제가 그랬기 때문에 그 마음은 잘 압니다(웃음).
지금의 저는 굉장히 긍정적인 사고의 소유자이지만, 20대에는 무슨 일을 할 때도 어차피 안 된다고 생각하는 어두워도 너무 어두운 인간이었습니다.

가고 싶은 단계를 아무리 구체적으로 그려도 '아니, 그렇게 해도 어차피 안 될 거야', '너무 어려워', '안 돼'라고 생각한다면 그 단계에는 설 수 없겠죠.

그렇다고는 해도 반사적으로 이렇게 생각해 버리기도 합니다.
여성들에게 자주 있는 경우로는 '자신이 없어서', '아이가 있어서', '일이 바빠서', '돈이 없어서' 등입니다.

이 상태를 그대로 두면 '역시 안 돼. 지금은 무리야'로 끝나 버립니다. 그러면 영원히 할 수 없습니다.

'할 수 없다'를 '할 수 있다'로 바꾸는 방법

그래서 할 수 없는 이유가 떠오르면 다음과 같이 생각해 봅니다.

'어떻게 하면 할 수 있지?'

이렇게 생각하는 습관을 기릅니다. 예를 들면 다음과 같습니다.

'자신이 없으니까 못해.'
⇩
'자신이 없는 상태로 해본다. 그래, 실패해도 망신을 당해도 그걸 이야깃거리로 삼으면 돼.'

'아이가 있으니까 못해.'

⇩

'아이를 맡길 곳을 찾아본다. 일하는 엄마들은 어떻게 하고 있는지 물어보자.'

이렇게 대체안을 생각하는 것입니다.

'어떻게 하면 실현 가능하지?'
'어떻게 하면 쉽게 할 수 있지?'

이렇게 반대로 생각해 보는 것입니다.

'무리야', '못해', '어려워'라고 나도 모르게 생각해 버리는 것은 단순한 사고의 습관입니다. 만약 이렇게 중얼거려 버렸다면 그 반대를 몇 가지 생각합니다.

처음에는 힘들지도 모릅니다. 그래도 괜찮습니다.

익숙해지면 생각은 저절로 납니다. 그러면 나도 모르는 사이에 '가능하다는 전제의 사고'가 가능해져 작은 한 발을 폴짝 내딛을 수 있게 됩니다.

'허세'와 '값싼 자존심'은 돈을 내고서라도 버린다

자존심의 사전적 의미는 '남에게 굽히지 아니하고 자신의 품위를 스스로 지키는 마음'입니다.

그러니까 자신이 해온 일이나 해온 일에 대해 책임을 지는 경우에만 가질 수 있는 마음의 상태입니다. 그런데 아무 것도 하지 않으면서 필요 이상으로 '나는 대단해', '나는 칭찬받을 만해', '나는 소중하게 대접받아야 마땅해'라고 생각하는 사람도 있습니다.

이것이 '값싼 자존심' 아닐까요?

값싼 자존심을 가진 사람은 '나는 대단해'라는 것을 때때로 알리고 다닙니다. 그리고 사람들에게 '대단하시네요'라고 칭찬을 받으려고 합니다.

그렇지만 진짜 자존심이 강한 사람은 자신의 자존심을 여봐란 듯이 알리고 다니는 것이 아니라 조용히 안에 묻어둡니다.

일본에서 '허세見栄'는 '붙인다張る'라고도 하고, '눈에 띄게 행동한다'는 뜻을 가진 동사(切る)를 붙여 사용하기도 합니다.

그래서 자신을 필요 이상으로 크게 보이려고 하는 사람에게 허세를 '붙이고 있다'라고 하죠. 자신의 주변에 허세를 덕지덕지 바르고 다니는 상태입니다.

한편 '눈에 띄게 행동한다'를 의미하는 동사를 붙여 표현할 때는 필요할 때는 해야 할 일을 당당하게 한다는 뜻입니다.

그래서 자신이 어떤 상황에 처하든 자신의 사명이나 역할을 완수한다는 뜻이 됩니다.

원래는 가부키에서 강한 감정을 표현하기 위해 눈에 띄는 표정을 짓거나 동작을 한다는 뜻으로 '스스로 모든 책임을 지는' 훌륭한 행동을 나타냅니다.

값싼 자존심을 가진 나의 상태를 자각했다면 하루빨리 버려버립시다. 허세도 지금 붙이고 다닌다면 자신감 있게 행동하는 쪽으로 바꿔봅시다.

하지만 역시 좀처럼 자각하기 어렵습니다. 사람들의 칭찬에서 쾌감을 느껴봤다면 그걸 버리기 쉽지 않습니다.

게다가 이 나이가 되면 누구도 어떻다는 이야기를 해주지 않습니다.

주의를 주는 사람이 있다고 해도 가족 정도입니다. 하지만 가족에게 들으면 당연히 화가 나겠죠(웃음).

이럴 때는 돈을 내고서라도 따끔하게 지적해 줄 사람, 또는 조언해 줄 사람에게 부탁하는 것도 하나의 방법입니다.

일부러 돈을 내는 것은 '이런 나를 버릴 거야!'라는 각오의 표현이기 때문에 꽤 높은 확률로 불필요한 것을 버릴 수 있습니다.

저도 코칭과 컨설팅을 배우면서 나 자신, 또는 다른 사람들의 내면 깊은 곳과 마주하는 경험을 반복한 결과 속수무책인 값싼 자존심을 가지고 허세를 부리는 자신의 상태를 자각하게 되었습니다. 그때는 '나 정말 형편없구나' 하는 생각을 했죠(웃음).

그런 형편없는 나 자신은 역시 보기 싫죠.

여러분은 어떤가요?

불안은 과거의 산물

우리의 뇌는 불안해지도록 되어 있습니다.

• 노후 자금에 대한 불안

- 나, 가족, 반려동물의 건강에 대한 불안
- 사실 나는 아무것도 하지 못하는 것이 아닌가 하는 불안
- 결혼에 대한 불안
- 인간관계에 대한 불안
- 일에 대한 불안

이런 다양한 불안 속에서 살고 있습니다.

그런데 머릿속 대부분이 불안으로 꽉 차서 무언가를 하려고 해도 할 수 없거나, 애초에 무엇을 하겠다는 생각조차 들지 않는 사람도 있습니다.

앞에서도 이미 말했지만 불안은 버릴 수 있습니다.

손에서 놓을 수 있다면 사고의 대부분에 '빈 공간'이 생깁니다.

그러면 뇌의 퍼포먼스가 좋아지고 생각할 시간도 생겨 원하는 단계를 만들 수 있습니다. 모든 게 좋아지는 상황입니다.

그러면 어떻게 불안을 버릴 수 있을까요?

불안의 정체를 알면 됩니다.

불안에는 '예기불안'(anticipatory anxiety)이라는 것이 있습니다. 뇌의 심층부가 과거의 데이터에서 미래를 예측하여 불안을 불러일으키는 것입니다.

우리는 성장하는 과정에서 잘되지 않은 일, 트라우마, 충격적인 사건 등 다양한 경험을 합니다. 이런 경험은 생명 유지를 관장하는 뇌의 심층부에 데이터로 축적됩니다.

뭔가를 하려고 할 때 뇌는 그 데이터를 바탕으로 마음대로 예측을 시작합니다. 그리고 과거에 받은 스트레스를 두 번 다시 받지 않기 위해 '불안'이라는 방어벽을 만듭니다.

우리가 보통의 삶을 사는 한, 생명을 위협할 만한 리스크와 직면할 일은 크게 없습니다. 하지만 아득한 옛날에는 자주 있었을 것입니다.

집 밖으로 한 발짝만 나가도 짐승들과 마주칠지 모르고, 기후 변화도 있었다고 하니까 오늘 하루를 무사히 보내는 것이 생명의 최대 미션이었을 것입니다.

이런 상황에서 스트레스를 받을 일이 있다면 아주 큰일입니다.

뇌에는 안전한 상태로, 살아남은 어제와 같은 상태로 있는 것이 굉장히 중요하기 때문에 그것을 사수하려는 뇌가 '불안'이라는 위험신호를 발동하게 됩니다.

삐뽀삐뽀 하고 알람을 울려서 '그거 만지면 안 돼', '그거 하면 안 돼', '큰일 나'라고 행동하지 못하도록 합니다. 그렇게 '지금'을 유지시키려고 합니다.

우리가 새로운 것에 도전하려고 할 때 불안에 사로잡히는 것은 뇌가 그렇게 위험신호를 보내기 때문입니다.

새로운 것은 미지의 세계니까요. 무사히 살아남은 어제와 똑같은 상태를 좋아하는 뇌에 미지의 세계는 위험지대 그 자체입니다.

뇌에는 그런 장치가 있습니다.

이 사실을 알면 불안의 정체를 밝혀낼 수 있습니다.

불안은 과거의 데이터로부터 예측한 것, 그러니까 과거의 산물입니다.

그래서 과거의 일에서 비슷한 사건을 찾아낸다면 불안의 정체를 알 수 있습니다.

신뢰할 수 있는 사람과 이야기를 나누거나, 종이에 써보는 것도 효과적인 방법입니다.

이에 대해 객관적인 의견을 듣거나 스스로 객관적으로 바라보면 '아, 뭐야' 하는 생각이 드는 경우가 많을 것입니다. 적어도 목숨을 위협할 만한 정도의 이유는 거의 없습니다(웃음).

특히 막연한 불안일수록 더 명확해지기 때문에 쉽게 버릴 수 있게 됩니다.

불안의 정체를 밝혀내면 꼭 이렇게 생각해 보기 바랍니다.

'이 불안은 끌어안고 갈 정도로 가치가 있는 것일까?'

가치가 없다고 생각되면 바로 버려버립시다!

3장

나를 잘 살릴 수 있는
길을 만든다

─ 자신의 무기를 발견하는 단계 이동

늦게 꽃피우는 사람은
돈을 잘 벌 수 있는 무기를
반드시 가지고 있다

'나의 당연함'은 무기가 된다

나에게는 아무것도 없다고 생각하는 사람이 굉장히 많지만, 사람들을 보고 있으면 절대로 그렇지 않다는 생각이 듭니다.

지금까지 수많은 30~50대 여성을 봐왔지만, 정말 아무것도 없는 사람은 단 한 사람도 없었습니다.

자신이 가진 것을 찾으려고 하지 않았기 때문에 지금은 보이지 않는 것뿐입니다. 또는 왠지 모르게 '이걸까?' 하는 생각은 들지만 발전시키는 방법을 몰라 아직 빛나지 않는 것뿐입니다.

인생의 정오에 있는 우리는 오전 중에 다양한 일을 경험합니다. 그중에 잘하거나 다른 사람이 기뻐할 만한 것이 반드시 있습니다.

하지만 스스로는 '이런 건 별로 대단한 것도 아니고', 또는 '이건 건 다른 사람들도 다 하잖아'라고 생각합니다.

제 친구 중에 도요다 후미코라는 비주얼 비즈니스 프로듀서가 있습니다.

자신의 브랜드를 만들어 의류 디자인도 하고 있습니다.

저도 최근 5년 정도 후미코 씨에게 1년에 몇 번 코디를 의뢰하고 있습니다. 패션과는 거리가 먼 제가 고객들 앞에서 나름대로 옷을 차려입을 수 있는 것은 전부 그녀 덕분입니다.

후미코 씨에게 옷에 대해 상담을 하면 "유코 씨에게는 이런 게 잘 어울릴 거 같아"라고 그림으로 그려주는 경우가 있습니다. 정말 패션 디자이너가 그린 것 같은 디자인화입니다. 그 그림을 보고 "와! 대단해!" 하고 놀랐더니 이런 말을 했습니다.

"사람들이 그렇게 칭찬해 주면 나도 깜짝 놀라. 누구나 다 하는 것인 줄 알았거든."

이야기를 들어보면 어렸을 때부터 '이런 옷이 있으면 좋을 텐데', '저 사람에게는 이런 스타일이 어울릴 거야' 하고 머릿속으로 상상한 디자인을 종이에 그렸다고 합니다.

그 정도로 패션이 좋아서 대학생, 사회인이 되어 모아둔 돈을 전부 패션에 쏟아 부었다고 합니다.

"나한텐 당연한 일이어서 다른 사람들도 당연히 하는 줄 알았어(웃음)"라고 말하길래 제 입장에서는 "어?" 하는 반응이 나올 수밖에 없었죠.

저는 월급의 대부분을 책과 골프연습장에 전부 쏟아 붓고 있었으니까요. 참고로 보너스로는 매번 컴퓨터를 삽니다(당시에는 노트북이 50만 엔 가까이 했기 때문에 보너스가 전부 날아갔죠).

이렇게 자신의 '보통'이나 '당연함'이 사람에 따라서는 그렇지 않은 경우가 의외로 많습니다.

그렇기 때문에 자신의 '보통'이나 '당연함'을 꼭 한번 의심해 보길 바랍니다. 당연히 할 수 있는 일에 다른 사람과는 다른 뭔가가 숨겨져 있는 경우가 왕왕 있습니다.

여기서부터는 자신의 무기를 찾아가기 위한 사례와 워크를 다양하게 소개할 테니 꼭 실천해 보기 바랍니다.

———

뭘 할 수 있든 없든 무기의 원형은 반드시 있기 마련이다

'할 수 있는 일'에만 특별한 뭔가가 있는 것은 아닙니다. 지금까지 만난 여성들 가운데는 다음과 같은 분들이 있었습니다.

- 웃는 얼굴이 정말 멋진 사람
- 목소리가 좋은 사람
- 자세가 좋은 사람
- 행동에 잡음이 없고 조용한 사람
- 품격 있는 사람
- 헤어스타일이 멋진 사람
- 마음 씀씀이가 예쁜 사람
- 독특한 관점을 가진 사람

• 조금 특이해서 하나하나가 재밌는 사람

이런 특징은 천성적으로 타고난 자질 같은 것일지도 모르지만, 후천적으로 익힌 것일지도 모릅니다. 뭘 할 수 있든 없든, 이 나이까지 살아왔다면 반드시 그 사람 나름의 장점이나 빛나는 무언가를 가지고 있을 것입니다.

지금까지 자신이 해온 일 가운데 다른 사람들에게 다음과 같은 말을 들은 적은 없나요?

"대단하다. 그거 어떻게 하는 거야?"
"어떻게 그렇게 ○○○한 거야?"
"○○했을 때의 일, 알려주지 않을래?"

구체적인 예를 들어보겠습니다. 제 지인 중에 '정리 기술'을 알려주는 분이 있습니다.

집 정리 수업을 몇 번 정도 부탁했는데, 그분과 같이 정리하면 동작이 일단 아름답고 아무리 물건을 만져도 소리가 전혀 나지 않고 굉장히 조용합니다. 한편 저는 쿵쾅거리며 떨어뜨리고 부수고(쓴웃음), 이런 제가 부끄러워집니다.

그래서 "어째서 그렇게 소리도 안 내고 조용히 하죠?" 하고 물어봤더니 '차'를 배웠다고 대답했습니다.

차 예절을 배울 때는 몸을 쓰는 방법도 배운다고 합니다. 소리를 내지 않고 가볍게 일어나고 걷는 법, 문을 열고 닫는 법, 도구를 쓰는 방법 등 모든 것에 '정숙'이 요구되는데, 그 때문에 몸을 쓰는 방법을 익혔다고 합니다.

이렇게 어렸을 때부터 배운 것을 통해 익힌 것도 있을 것 이고, 가정교육이나 같이 사는 부모나 조부모의 행동을 보고 자연스럽게 몸에 밴 것도 많겠죠.

그런 것들이 무기가 될 것이라고 평소에는 전혀 생각하지 않았다 해도 만약 어떤 것에 대해 사람들에게 자주 질문을 받는다면 어떨까요?

그 일은 상대보다 더 자세히 알거나 양질의 정보를 가지고 있거나 잘한다는 뜻입니다.

그런 것들도 훌륭한 무기가 됩니다.

무기의 원형을 찾는 워크

1. 지금까지 사람들에게 "도와줘"라든지 "그거, 어떻게 하는 거야?"라는 말을 들어본 적이 있나요? 만약 있다면 그것은 어떤 것인가요?

2. 무엇을 어떻게 알려주면 그 사람들이 그 일을 할 수 있을까요?

117

'내가 이상한가?'도 무기가 되는 시대

꼭 좋은 부분만 무기가 되는 것은 아닙니다.

사람들에게 특이하다는 말을 듣거나, 사람들이 알면 이상하게 볼 거라고 그저 숨기기만 해온 것 중에도 있을 것입니다.

예를 들어 최근에 자주 듣게 되는 말인 'HSP'.

사람의 기질을 나타내는 말로 'Highly Sensitive Person'의 앞 글자를 따서 만든 말입니다. 굉장히 예민하고 섬세한 사람을 말합니다. 섬세한 사람을 연구하는 미국의 심리학자 아론 박사가 도입한 개념입니다. 일본에서는 '섬세 씨'라고 표현하는 경우도 많으며, 최근에는 책도 다양하게 출판되고 있습니다.

이런 기질을 가진 사람은 인구의 20퍼센트. 그러니까 5명 중 1명이 HSP입니다.

의외로 많은 사람들이 가지고 있는 기질이죠. 그렇기 때문에 HSP의 정보가 많아져서 살기 편해진 사람도 많을 것입니다.

HSP인 사람들은 다른 사람들은 신경 쓰지 않을 것 같은 것들이 신경 쓰이기도 하고, 자극에 민감하여 쉽게 지치기도 하고, 공감 능력이 지나치게 높아서 다른 사람에게 휘둘리기도 합니다. 이렇게 감각이 날카로워서 삶의 괴로움을 느껴왔다는 사람들이 많습니다.

다른 사람들과 조금 다르다고 생각되는 자신을 숨기고 다른 사람들이 이상하게 보는 것이 싫어서 가능한 한 다른 사람들과 똑같이 행동하려고 노력하는 사람도 굉장히 많습니다.

그런데 이런 유니크함은 사실 큰 무기가 됩니다.

제가 한 세미나에서 알게 된 동기 중에 HSP인 사람이 있습니다.

그분은 이 기질을 살려서 정리를 일로 하고 있습니다.

'이런저런 것이 신경 쓰여서 죽겠다'는 HSP이기 때문에 자신이 평소에 쉬는 곳을 정리 정돈해, 눈에 들어오는 정보를 줄여나갑니다. 그러면 피로가 바로 풀릴 뿐만 아니라 처음부터 쉽게 지치지 않게 되어, 사용하고 싶은 곳에 에너지를 쓸 수 있습니다.

이런 정리 방법이나 사람을 사귀는 법 등을 비슷한 기질의 사람들에게 알리고 있다고 합니다.

이분 자체가 굉장히 다정한 사람으로 너무 다정해서 '정말 섬세하다'라고 생각될 정도입니다. 그런데 이 섬세함이 무기가 됩니다.

저 개인적으로도 이분을 정말 좋아해서 블로그도 자주 읽는데, 마음이 촉촉해지는 따뜻한 내용이 많습니다. 그래서 이분의 블로그는 매일 5,000명 이상의 사람들이 방문합니다.

다른 사람과는 다른 유니크함.

그래서 괴로웠던 일도 수없이 많았을 것입니다. 하지만 그렇기 때문에 더 반짝반짝 빛날 수 있습니다.

우리는 다 똑같은 것이 좋은 것이라고 생각하고 자라왔지만 그건 이제 구시대의 가치관입니다.

지금, 그리고 앞으로의 시대는 다른 사람과 달라도 괜찮습니다. 그 차이를 인정하고 갈고닦으면 과거의 나와 같은 고민을 하는 사람들에게 힘이 될 수 있습니다.

그것이 자신의 무기가 되는 것이죠.

무기는 일상 속에 있다

자신의 무기가 무엇이냐는 질문을 받으면 '무기가 될 만한 것이 뭐든 있어야 해!' 하고 새롭게 외부에서 찾으려고 하기 십상입니다.

하지만 무기는 이미 내 안에 있습니다.

내가 만들어온 것은 일상의 삶이기 때문에 나의 무기는 나의 '일상' 속에 잠들어 있습니다.

'나에게는 아무것도 없어', '이제껏 한 게 아무것도 없어', '아무것도 되지 못했어'라고 생각하는 사람들의 일상 속에도 분명 뭔가가 있을 것입니다.

우선은 '나에게도 분명 있을 거야'라고 생각하고 찾아보기 바랍니다.

한 클라이언트가 코칭으로 자신의 일을 시작하고 싶다고 말했습니다.

그런데 이야기를 자세히 들어보니 광고회사에서 일한 경력이 꽤 많았습니다. 왜 그 경력을 살리지 않느냐고 물었더니 "그걸로는 사업이 어려울 거 같아서"라는 대답이 돌아왔습니다.

그러니까 자신의 경력에서는 개인사업을 시작할 만한 것이 없다고 생각한 것입니다.

하지만 그 안에는 무기가 될 보물이 굉장히 많이 잠들어 있었습니다.

오랜 기간 제대로 일을 해왔으니까요.

일도 '일상'입니다. 게다가 일은 하루에서 차지하는 비율도 엄청 큽니다.

그렇기 때문에 자신의 경력 안에 무기가 될 만한 수많은 보물이 잠들어 있는 것입니다.

회사원을 오래 한 사람은 업무를 통해 키운 능력이나 경험 안에서 자신의 무기를 찾아보세요.

그리고 일찍 결혼을 해서 가정을 꾸리고 육아 중심의 생활을 해온 사람도 많은 무기를 가지고 있을 것입니다.

왜냐하면 결혼, 출산, 육아도 확실한 '경력'이기 때문입니다.

결혼 또는 이혼, 육아, 인간관계 등 분명 많은 일을 경험했을 것입니다. 그중에서 "그건 어떻게 하는 거야?"라는 질문을 듣거나, 아이 친구의 엄마와 대화를 나누다가 '나라면 이렇게 할 텐데' 하고 생각한 경험이 있지 않나요?

이런 것들을 떠올려 보기 바랍니다.

앞서 소개한 클라이언트는 현재 브랜드 총괄 책임자로 회사원과 개인사업, 양쪽으로 활약하고 있습니다.

자신의 경력에서 무기를 찾기까지 반년 정도 걸렸지만, 명함을 만들고 로고를 만드는 등 작은 일을 받기 시작하여 조금씩 자기 안에 잠든 무기를 발견하고 갈고닦았습니다.

지금은 사업가, 전통 있는 상점, 기업 등의 브랜드 구축이나 기획을 하는데 서로 일을 같이하려고 하는 상황입니다. 회사원의 월급과 맞먹는 수입을 개인사업으로 벌 수 있게 되었죠. 그리고 더 본격적으로 하기 위해 곧 회사를 그만두고 독립한다고 합니다.

경험과 경력에서 '무기'를 찾아내는 워크

여러분에게는 어떤 경력이 있나요?

이제까지 무엇을 해왔는지 되도록 구체적으로 써봅니다.

그리고 그중에서 무기가 될 만한 키워드를 세 가지 선택
합니다.

할 수 없는 것보다는
할 수 있는 것

'할 수 없었다'는 누군가의 희망이 된다

앞으로의 시대는 '보통의 나'가 적성이 되고 일이 되는 시대입니다.

저는 이미 어느 정도 이룬 상태이지만, 있는 그대로의 내 모습이 일로 연결된다는 것은 편하고 기분 좋은 상황입니다.

그런데 무엇을 어떻게 활용하면 좋을지 모르겠다는 말을 하는 사람이 정말 많습니다.

역시 '없다'는 전제로 생각하기 때문에 좀처럼 발견하기가 어려운 것입니다.

하지만 이 나이 정도가 되면 지금까지의 인생에서 경험해 온 뭔가가 반드시 있습니다. 그 가운데 누군가의 고민이나 어려움을 해결하는 기술이 있습니다.

다른 사람의 고민이나 어려움을 해결하는 것이 곧 일이 므로, 누구나 자신의 경험을 일로 연결할 수 있는 것입니다.

사업을 재정비하고 반년 정도가 지났을 때쯤 저는 배우자 찾기를 일로 만들었습니다.

그 전부터 블로그와 메일 매거진에 글을 쓰고 있었지만 당시에는 무엇을 테마로 쓰면 될지도 모르고, 내가 할 수 있는 것도 없다고 생각했기 때문에 내용도 막연해져서 사람들의 반응이 전혀 없었습니다.

그런데 '지금은 연습이다'라고 생각하고 기죽지 않고 글을 계속 썼습니다.

그와 동시에 개인적으로는 배우자 찾기에 돌입했습니다. 하지만 이에 대해서는 거의 쓰지 않았습니다.

그러다가 지금의 남편과 결혼이 결정되어 멘토에게 이야 기를 했더니, 결혼을 소재로 이야기를 써보면 좋을 것 같다고 말해 주었습니다.

그래서 정말 써봤더니 놀랄 정도로 큰 반응을 얻어, 더 자세하게 듣고 싶다는 이야기도 듣게 되었습니다.

그 후 '결혼 상대를 찾는 이야기입니다. 상담도 해드립니다'라는 취지의 그룹 컨설팅을 기획해서 메일 매거진에서 소개했습니다. 그러자 굉장히 많은 분들이 관심을 가졌고, 준비한 모임은 눈 깜짝할 사이에 만석이 되었습니다.

다른 날짜에는 열리지 않느냐는 문의도 많이 받았습니다. 그래서 다음 달 일정을 안내했더니 그날도 바로 만석. 이렇게 4개월 후의 모임도 예약이 차게 되었습니다.

이 정도의 반응을 얻을 수 있었던 이유는 바로 과거에 '결혼하지 못한 나'의 존재가 있었기 때문입니다.

- 40세가 넘도록 결혼하지 못했다는 생각 때문에 주눅이 든 나
- 결혼한 친구들이 정말 부러웠지만 그 마음을 무시한 나
- 경력을 쌓아가면서 남자를 왠지 밑으로 보던 나
- 괜찮지 않은데도 괜찮다고 강한 척하던 나
- 다른 사람의 친절을 쉽게 받아들이지 못한 나
- '할 마음이 생기면 결혼 정도야 바로 할 수 있어'라고

생각하던 나
- 하지만 정신을 차려보니 40세가 넘어 노후 걱정으로 갑자기 외로움이 몰려온 밤을 보냈던 나
- 그렇다고 해도 혼자서 자는 쾌적함을 포기할 수 없다고 생각하던 나

'결혼은 언젠가'라고 생각하면서 계속 미뤄온 40세 이상의 여성의 마음을 이렇게 잘 알고 있었습니다.

왜냐하면 제 자신이 그랬기 때문이죠. '그런데 이런 나도 결혼했다!'라는 것이 과거의 나와 같은 마음인 사람들에게 희망이 되었습니다.

'그 방법을 알면 나도 할 수 있을지도!'라는 희망 말입니다.

제 경우는 '결혼'이었지만 그것이 '이혼'이어도 마찬가지입니다.

'정리를 못하던 내가 정리를 잘하게 되었다'는 분도 있고 '밥을 현미로 바꿨더니 부부가 같이 살이 쑥쑥 빠졌다', '부모 자식 사이가 안 좋았는데 지금은 굉장히 좋아졌다', '도시 생활에 회의를 느끼고 있던 내가 남편을 설득해서 풍요로운 자연 속으로 이사를 갔다' 등등 다양한 분들이 있습니다.

이처럼 아무리 소소한 것이라도 '과거의 나는 하지 못했지만 지금의 나는 할 수 있는 것'이 분명 있을 것입니다. 이런 경험은 누군가에게 희망을 주고 여러분의 무기가 됩니다.

'과거의 해결'을 파고드는 워크

1. 과거에 힘들었거나 고민하던 일을 해결한 적이 있나요?

2. 그 일을 어떻게 해결했나요?

'자신의 포지션'에서 꽃을 피워본다

지금까지는 '커서 익히게 된 것'을 중심으로 이야기했습니다. 하지만 우리가 가진 무기는 이것뿐만이 아닙니다.

우리에게는 '커서 익히게 된 것' 이전에 '어린 시절부터 가지고 있던 것'이 있습니다.

어린 시절부터 가지고 있던 것은 다음과 같은 것들입니다.

- 어린 시절에 좋아했던 것
- 어린 시절에 잘했던 것
- 어린 시절에 주어진 역할

저는 어린 시절에 부모님에게 밖에 나가서 놀라는 말을 들을 정도로 밖에 잘 나가질 않았습니다. 어쨌든 집에 있는 걸 좋아했죠.

그런데 예전에는 이것을 별로 좋지 않은 습관이라고 생각했습니다.

어느 정도 나이를 먹으면 모두 윈도쇼핑이나 해외여행을 즐기죠. 그것을 보고 저도 쇼핑을 하거나 여행을 가기도 했지만, 솔직히 나가기 직전이 되면 '누가 대신 가주지 않으려나' 하는 생각을 할 정도였습니다. 그런 자신이 조금 이상하다고 생각한 적도 있습니다(웃음).

하지만 지금은 어린 시절에 좋아했던 것을 떠올리며 그런 자신에게도 동그라미를 쳐줄 수 있게 되었습니다.

어린 시절의 행복한 장면을 생각하면 고타츠(난방 테이블)와 이불이 떠오릅니다. 고타츠 안에 들어가서 불빛을 멍하게 바라보거나, 비 오는 날 아침에 이불을 머리까지 푹 뒤집어쓰고 가족들의 자는 소리와 비 오는 소리에 귀를 기울이는 것이 최고로 행복한 시간이었습니다.

그런 나를 떠올리면 '나는 집에서 시간을 보낼 때 행복을 느끼는구나' 하고 자신감을 가질 수 있습니다.

이렇게 어린 시절에 좋아했거나 잘했던 것을 생각하면 그것만으로 마음이 따뜻해진다거나, 나에게 소중한 것이 무엇인지 알게 되었다고 말하는 분이 많습니다.

그러니 꼭 어린 시절에 느꼈던 행복을 한번 생각해 보길 바랍니다.

이렇게 어린 시절부터 가지고 있던 것을 떠올려 보는 것이 계기가 되어 일의 방향성이 바뀌기도 하고, 지금 하고 있는 일에 자신감이 생기기도 합니다.

저 자신도 그랬습니다.

제가 일의 시스템을 구축한 것은 지금으로부터 6~7년 전입니다.

당시는 여러 곳으로 직접 가서 수없이 많은 사람들과 만나서 대화하고 폭넓게 크게 화려하게 활동하고 활약하는 사업이 눈에 띄었습니다. 하지만 내가 '집에 틀어박혀 있는 것'을 좋아한다는 사실을 알게 된 저는 이와는 정반대인 '집에서 가능한 한 나가지 않는 일의 시스템'을 구축했습니다. 말하자면 '집콕 창업'인 셈이죠(웃음).

이것이 결과적으로 '일도 하고 싶지만 가정도 소홀히 하고 싶지 않아'라고 생각하는 동시대 여성들에게 큰 공감을 얻었습니다. 그래서 이런 방식으로 일하고 싶어서 이 시스템에 대해서 알려고 하는 사람들이 고객으로 찾아오게 되었습니다.

다른 사람의 눈을 신경 쓰지 않고 자신감을 가지고 나에게 맞는 일의 시스템을 구축할 수 있었던 것은 내가 어린 시절부터 가지고 있던 것을 잘 알았기 때문입니다.

그리고 저는 학급 위원이나 학생회를 하지 않은 해가 없을
정도로 쭉 반 학생이나 전교생 앞에 서는 역할을 해왔습니다.

이런 일을 잘한다고는 생각해 본 적도 없고 특별히 좋아하
지도 않았습니다. 하지만 어른들이 봤을 때 '이 아이는 사람
들 앞에 서는 게 잘 맞는다', 또는 '잘한다'고 생각했기 때문
에 그런 역할이 주어진 것입니다.

저는 세 자매 중 장녀로 여동생들을 쭉 돌봤고, 언니라는
이유로 모범을 보이고 자제하는 것이 당연한 것처럼 자랐
습니다.

이런 것도 사람 앞에 서거나 사람을 모으는 것에 도움이
되었다고 생각하지만, 이런 어린 시절의 역할을 '나에게 주
어진 역할'로 재인식해 보면 좋습니다. 그러면 현재 이렇게
사람들 앞에 서서 무언가를 전하는 일이 천직이라는 생각이
들 정도로 신기한 마음이 듭니다.

물론 정말 천직인지는 알 수 없습니다.

그렇지만 저는 적어도 이 일과 사람들 앞에서 무언가를 하
는 지금의 이 포지션이 좋습니다. 공무원을 하던 시절과는
비교도 안 될 정도로 물을 만난 물고기처럼 활기차게 일하
고 있습니다.

이것도 어린 시절부터 가지고 있던 것을 떠올려 내가 잘하는 것과 내게 주어진 역할을 생각해 냈기 때문입니다.

이런 이야기를 강의 중에 했더니 "저는 항상 부회장이었습니다"라고 한 사람이 있었습니다. 그분은 어느 쪽인지 고르자면 항상 보조하는 역할, 즉 훌륭한 오른팔이 되어 사람을 뒤에서 도와주는 포지션이 굉장히 잘 맞는 사람입니다. 그런 사람이 저처럼 앞에 나서야 하는 일을 한다면 어떨까요?
물을 만난 물고기는커녕 무리해서 하다가 괴로워질 가능성이 큽니다.
그렇기 때문에 혼자 일한다고 한마디로 말해도 어떤 포지션으로 일을 하면 좋을지는 사람마다 다릅니다.
강사나 경영자로서 사람들 앞에 서서 아무것도 없는 상태에서 무언가를 만들어내는 일을 잘하는 사람이 있는가 하면, 그 사람들이 만든 것을 사람들이 이해하기 쉬운 형태로 세상에 알리는 일을 잘하는 사람도 있습니다. 혹은 이렇게 앞에 나서는 사람들의 오른팔이 되어 뒤에서 지원하는 일을 잘하는 사람도 있을 것입니다.
실제로 제가 주재하는 '브레인 비서 양성 강좌'를 수강한 사람들 중에는 사람들을 지원하는 능력을 충분히 발휘하여 다양한 사업가의 어시스턴트나 비서로 활약하는 분이 몇 분이나 있습니다.

'어린 시절부터 가지고 있던 것'은 누구에게나 반드시 있습니다.

그러니 이것이 무엇인지 생각해 보고, 자신이 가지고 태어난 역할이나 사명을 떠올려 보길 바랍니다.

그러면 자신의 특기나 무기, 일하는 방식을 발견하고 자신감이 생길 것입니다.

자신이 잘하는 포지션을 찾는 워크

• 어린 시절에 좋아했던 것

• 어린 시절에 잘했던 것

• 어린 시절에 주어진 역할은 무엇이었나요?

　그 역할로 미루어 볼 때, 자신이 잘할 수 있는 포지션은
어떤 것일까요?

'하고 싶은 것'보다 '할 수 있는 것'을 한다

제가 클라이언트에게 자주 하는 말이 있습니다. "먼저 할 수 있는 것을 형태로 만들어봅시다!" 할 수 있는 일이 아니면 직업이 될 수 없습니다.

하지만 많은 사람들이 '하고 싶은 것'을 생각합니다.

이 하고 싶은 것이 이미 할 수 있는 일이라면 괜찮지만, 그렇지 않은 경우도 많습니다.

하고 싶은 것은 동경에 가까운 경우가 많기 때문입니다. 동경은 이상과 똑같습니다. 아직 할 수 없는 경우가 많기 때문에 결국 하지 못하는 일을 하려고 하는 일이 생깁니다.

'할 수 없는 것'은 아직 가지고 있지 않거나, 머릿속에서 생각만 하는 탁상공론으로 실재하지 않는 것입니다. 당연히 자신의 무기가 될 수 없습니다.

그렇기 때문에 직업으로는 좀처럼 형태로 만들어지지 않습니다.

'일'이란 고객의 고민이나 어려움을 해결하기 위해 자신의 무기(할 수 있는 것)를 고객에게 도움이 되도록 사용하는 것입니다.

제 경우는 '결혼 상대 찾기'라는 직접 '한 일'을 일로 삼았기 때문에 사업을 재정비하는 데 성공했습니다. 그런데 아무런 일도 없던 시절을 생각해 보면 그때는 제가 '할 수 없는 것'을 하려고 했습니다.

그 시절에는 창업에 대해 가르치고 싶었습니다.

맞습니다. 지금의 제가 하는 일 같은 것이 하고 싶었습니다. 하지만 당시의 저는 창업은 제대로 하지 못했기 때문에 그것을 일로 삼는 것이 당연히 불가능했습니다.

그런 과거의 저처럼 지금 내가 원하는 일이나 '이렇게 되면 좋겠다'라고 생각하는 일을 하려고 하는 사람이 의외로 많습니다.

만약 제가 지금도 할 수 없는 일을 사업으로 하려고 한다면 어떨까요?

모처럼 고객이 찾아와도 그 사람이 창업에 성공할 수 있는 방법을 알려줄 수 없습니다.

애초에 자신의 사업이 궤도에 오르지 못했다는 것은 잘되는 방법을 모른다는 뜻이기 때문에 당연히 고객에게 창업 방법을 가르쳐줄 수 없습니다.

이처럼 '할 수 없는 것'을 하려고 하면 결국 '할 수 없는 사람'이 되고 맙니다.

그러니까 우선은 '할 수 있는 것'부터 형태로 만들어봅니다.

그리고 그다음에 조금씩 싹이 나면 '하고 싶은 것'을 섞어가는 것이죠. 할 수 있는 것을 형태로 완성하면 하고 싶은 것도 조금씩 할 수 있게 됩니다.

아무런 일도 없던 시절의 제가 사업을 재정비했을 때는 정말 할 수 있는 일을 했습니다. 42세에 시작한 결혼 상대 찾기를 반년 만에 졸업하고 결혼했기 때문에 '40대만의 배우자 찾기'에 대해 알려줄 수 있었습니다.

이렇게 하니 배우러 온 고객들이 하나둘 결혼에 성공하기 시작했습니다.

그래서 이번에는 '결혼으로 일을 그만두게 되었는데, 나도 유코 씨처럼 혼자 뭘 해보고 싶다'는 상담을 받는 일이 많아졌습니다.

특히 인터넷에서 배우자를 찾아서 결혼하는 경우는 근처의 다른 현까지 범위를 넓혀 상대를 찾는 경우가 많기 때문에, 익숙한 곳을 떠나 다른 곳으로 이사를 가는 경우도 꽤 많습니다.

저도 그랬지만 살던 지역을 떠나면서 일을 그만두는 사람도 있기 때문에 그런 분들을 대상으로 '일하는 방식'에 관한 상담을 많이 했습니다.

결혼에 관한 일이 잘되었기 때문에 그만두기 아깝다는 생각도 들었지만, 저의 특성을 더 크게 살릴 수 있는 일을 하고 싶었기 때문에 과감하게 창업을 가르치는 방향으로 전환했습니다.

그리고 지금은 창업뿐만 아니라 조금 늦은 나이이기 때문에 더 잘할 수 있는 일이나 생활에 대해서도 소개하고 있습니다.

이렇게 자신이 '할 수 있는 것'을 형태로 만들면 돌고 돌아 결국 '하고 싶은 것'을 할 수 있게 됩니다.

하고 싶은 일이 특별히 없다고 하는 사람도 많지만, 그런 분들도 안심하길 바랍니다. 어떤 사람이라도 자신이 딱 하고 싶은 일 같은 건 바로 발견하지 못합니다.

자신이 가진 무기를 이용하고 갈고닦고 자신의 세계를 넓히는 과정에서 조금씩 하고 싶은 일을 찾아가는 것이니 안심하세요.

만일 지금은 아직 하고 싶은 일을 찾지 못했다 하더라도, 할 수 있는 일이라면 아주 많을 것입니다. 내가 할 수 있는 것을 축으로 하나하나 형태를 만들어간다면 하고 싶은 일을 발견할 수 있습니다.

사용해야만 무기가 된다

여기까지의 내용을 생각해 보면 자신의 무기는 이미 내 안에 있습니다.

그러니까 내가 경험해 온 것이 나의 무기가 됩니다. 그것이 나의 능력이며 내가 할 수 있는 일입니다.

무사의 검도 사용하지 않으면 허리에 차고 있는 장식에 불과합니다. 그것을 사용할 때 처음으로 사람을 돕는 무기가 됩니다.

마찬가지로 우리의 힘도 사용해야만 무기로 도움이 될 수 있습니다.

[워크타임 2]의 '이상의 단계를 설정하는 워크'를 다시 생각해 봅시다.

'내 능력을 살려서 다른 사람에게 도움이 되고 싶다.'
'내가 할 수 있는 일로 세상에 기여하고 싶다.'
'나와 비슷한 사람들의 고민을 해결해서 그 사람들이 행복해졌으면 좋겠다.'

이런 생각을 하는 내가 되기 위해 자신의 무기를 활용해 보세요. 그러면 나의 단계가 점점 달라집니다.
다른 사람에게 도움이 된다는 것이 어렵게 느껴지는 사람은 이렇게 생각하면 됩니다.
'어떻게 하면 다른 사람이 기뻐할까?'

'자신의 무기'를 일과 돈으로 바꾼다

그렇다면 이제 실제로 무기를 어떻게 사용하는지에 대한 이야기를 하겠습니다.

가장 추천하는 방법은 '내가 가진 무기를 일로 만드는 것'입니다.

오늘날은 누구나 자신의 능력을 활용할 수 있는 시대입니다.

앞서 이야기한 것처럼 모두에게 무기는 있습니다.

문제는 그 무기를 활용하는 방법입니다.

그래서 이제부터는 무기를 일로 만드는 방법을 소개하겠습니다.

물론 일이 아니라 봉사의 개념으로 돈을 받지 않고 다른 사람에게 도움이 되는 일을 해도 상관없습니다. 하지만 가능하면 자신의 무기를 활용해서 '일'을 해봅시다. 취미나 봉사로 하는 것도 하나의 선택이 되겠지만, 그래서는 단계를 이동하기가 쉽지 않습니다.

일로 만든다면 무기가 점점 날카로워져 더 많은 사람들을 돕거나 행복하게 만들 수 있습니다. 돈을 받는다는 것은 책임을 지고 더 큰 에너지를 만들어내는 것입니다. 그래서 무상으로 할 때와는 전혀 다른 차원의 속도로 자신의 단계가 바뀌는 것이죠.

친구의 고민을 그냥 들어주는 것이 아니라 클라이언트의 문제를 해결하는 경험이 나를 더 성장시킵니다. 그리고 내가 일하는 모습을 보고 새로운 클라이언트와의 만남이나 기회가 더 많이 생기기도 합니다.

실제로 저도 돈을 받고 일하기 시작한 후부터 새로운 만남과 기회가 점점 더 많아졌습니다.

앞날이 불안정한 시대. 하지만 누구나 전 세계에 자신의 존재를 알릴 수 있습니다. 나의 존재나 생각을 알리는 수단은 다양하게 존재합니다. 그걸 쓰지 않을 이유가 없습니다.

부업을 허용하는 회사도 늘어났기 때문에, 회사원으로 일하면서 남는 시간에 자신의 무기를 갈고닦기도 쉬워졌습니다.

저는 개인적으로 '부업副業'이 아니라 '복업複業'의 시대라고 생각합니다.

누구나가 몇 개의 일, 몇 개의 얼굴, 그러니까 '자신의 브랜드'를 가지는 시대로 바뀌고 있습니다.

창업이나 기업이라고 하면 너무 거창하다고 느끼는 사람도 있을 것입니다. 그렇다면 자신의 가능성을 넓히는 이야기, 또는 자신을 활용하는 길을 개척하는 이야기라고 생각하고 읽어주면 고맙겠습니다.

'무기'를 '일'로 바꾸는
구체적인 방법

첫 번째 단계 : '할 수 있는 것'을 하나 선택한다

여기까지는 다양한 각도의 이야기와 워크를 생각하면서
'할 수 있는 것', '경험한 것', '해결한 것' 등을 찾아냈습니다.
이 전부가 나의 무기가 될 수 있기 때문에 이제부터는 이
무기를 사람들에게 사용하기까지의 이야기를 할 것입니다.
그러면 워크와 함께 그 단계에 대해서 소개하겠습니다.

먼저 이제까지의 워크를 통해 나온 것 가운데 '이런 거라

면 할 수 있을 것 같다'라고 생각하는 것을 간단하게 종이에
써보고 테이블 위에 한 줄로 늘어놓습니다.

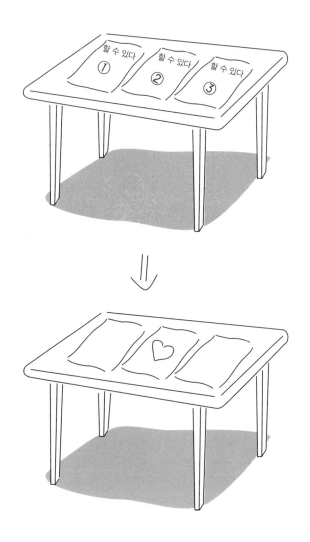

그리고 그중에서 '이거 잘할 거 같다'라든지 '이거 좋아해'
라는 것을 하나 골라주세요.

1. 내가 할 수 있는 것을 종이에 써서 테이블 위에 한 줄로
   늘어놓는다
2. 그중에서 '잘하는 것(또는 좋아하는 것)'을 하나 고른다

포인트는 하나를 선택하는 것입니다.

인생의 정오쯤 되면 모두 다양한 경험이 있기 때문에, 할
수 있는 것이 다수 있습니다. 그러면 나도 모르게 이런저런
것들을 하려고 합니다. '그렇게 하면 많은 사람들이 관심을
가질 것이다', '많은 사람들이 고객이 되어줄 것이다'라고 착
각하는 사람도 있지만 실제로는 그렇지 않습니다.

할 수 있는 것이 많은 것은 멋진 일이지만, 고객들은 도대
체 무슨 일을 하는 곳인지 알기 어렵습니다. 그래서 고객들
을 혼란스럽게 만드는 원인이 됩니다.

예를 들어 어떤 가게에 들어갔는데 식기도 팔고 옷도 팔고
컴퓨터, 꽃모종도 판다면 어떨까요?

도대체 무슨 가게인지 의아해할 것입니다. 이런 가게에서
무언가를 선택하고 사려고는 하지 않습니다. 저라면 전문점

으로 가겠습니다. 그쪽이 양질의 제품을 살 수 있다는 생각이 들기 때문입니다.

나 자신을 직업으로 삼는 경우도 마찬가지입니다. 이것도 할 수 있고 저것도 할 수 있다고 하지 말고, 그중에서 하나를 골라 '저는 이런 것을 할 수 있습니다'라고 하는 것이죠.
다만 여기서 한 가지를 고른다는 것이 계속 그것을 골라야 한다는 것을 의미하지는 않습니다. 일로 만들어가다가 역시 아니라는 생각이 들면 다시 다른 것을 선택하면 됩니다.
그렇기 때문에 일단은 한 가지를 선택하는 것부터 시작합니다.

———

두 번째 단계 : 사람의 마음을 생각한다

두 번째 단계는 사람의 마음을 생각하는 것입니다.
무언가 만드는 것을 좋아하고 잘하는 사람은 '이런 것이 필요해'라고 생각하는 사람에게 판매를 할 수 있습니다.
인스타그램의 팔로워 수가 1만 명을 넘은 사람은 '나도 팔로워를 늘리고 싶다'라고 생각하는 사람에게 그 방법을 가르쳐줄 수 있습니다.

이때는 다음과 같이 고려해 볼 필요가 있습니다.

'이것을 원하는 사람은 무엇 때문에 곤란해하고(또는 고민하고), 또 어떻게 하고 싶을까?'

이렇게 다른 사람의 마음을 고려하면 그 사람이 무엇을 하고 싶어 하는지가 보입니다.

이것을 '니즈'라고 부르는데 사람들의 니즈를 충족시키지 못하면 물건도, 눈에 보이지 않는 상품도 팔 수 없습니다.

최근의 사례를 들어보겠습니다. 요즘 직접 만든 면마스크를 판매하는 사람을 굉장히 많이 볼 수 있습니다. 저도 구입한 적이 있습니다.

왜냐하면 저에게는 다음의 니즈가 있기 때문입니다.

• 일회용 마스크는 매일 회사에 가는 남편에게 양보하고 싶다
• 쓰레기를 줄이고 싶다
• 하얀 마스크에 질렸다

- 귀여운 마스크를 하고 기분 전환을 하고 싶다
- 특기를 살려 일을 하는 사람(마스크를 만드는 사람)들을 응원하고 싶다

저의 마스크에 대한 니즈를 써봤습니다. 그런데 실은 많은 사람들이 자신의 니즈에 대해서 잘 모릅니다.

그렇지만 이렇게 듣거나 쓴 것을 보면 '아! 나도 그렇게 생각해!'라고 깨닫게 됩니다.

그렇기 때문에 자신의 무기를 일로 키우고 싶다면 '누구의 어떤 니즈를 충족시키는 것인가?'를 말로 표현해야 합니다.

그러면 생각해 봅시다.

이 단계에서 고른 것은 어떤 사람의 어떤 '~하고 싶다'를 충족시키는 것인가요?

니즈를 생각하는 워크

첫 번째 단계에서 고른 것은 어떤 사람의 어떤 '~하고 싶다' 를 충족시키는 것인가요?

좀처럼 생각이 나지 않는 사람은 지금까지 자신이 이용한 서비스에서 힌트를 얻는 것도 좋은 방법입니다.

그 서비스를 이용하려고 생각했을 때, 자신에게 어떤 '~하고 싶다'가 있었나요?

———

세 번째 단계 : '해결하는 힘(무기)'을 사람에게 도움이 되는 형태로 만든다

다음으로 이런 것을 생각해 봅니다.

이러이러한 사람의 '~하고 싶다'를 충족시키기 위해 어떤 해결책을 줄 수 있을까요?

워크타임
9

해결책을 찾는 워크

이러이러한 사람의 '~하고 싶다'를 충족시키기 위해 어떤
해결책을 줄 수 있을까요?

그러니까 이 해결책이 바로 누군가에게 도움이 되는 무기
가 됩니다.

예를 들면 다음과 같은 것입니다.

· 결혼하고 싶은 여성에게 가장 빠른 시일 내에 결혼할
  수 있는 방법을 알려줄 수 있다
· 노화나 병으로 몸이 굳은 강아지의 마사지 방법을 알
  려줄 수 있다
· 생리통이 심해서 힘들어하는 사람에게 면생리대를 만
  들어줄 수 있다
· 근무 방식을 바꾸고 싶다고 생각하는 사람에게 한 발
  내딛을 수 있는 방법과 사고방식을 알려줄 수 있다

이렇게 세상에는 많은 문제가 있고, 또 많은 해결책이 있습
니다. 그렇다면 여러분의 해결책은 무엇인가요?

이 부분을 생각할 때 굉장히 중요한 것은 과거의 내가 힘
들어했던 일을 생각해 보는 것입니다. 그리고 그 일을 말로
표현해 보는 것.

결국 자신이 해결한 일이 아니면 다른 사람에게 그 문제를

해결하는 방법을 알려줄 수 없기 때문입니다.

지금까지 해온 워크에서 다양한 힌트를 얻을 수 있습니다. 특히 과거의 내가 힘들었던 일을 생각하고 말로 표현하는 것이 일을 하는 데 굉장히 중요한 첨경이 됩니다. 그리고 자신이 성장한다면 버전업을 하는 것이 됩니다.

그렇기 때문에 이번뿐만 아니라 적당한 때를 봐서 업데이트를 해나가면 좋겠습니다. 저 역시 지금도 꾸준히 업데이트하고 있습니다.

4장

단계 이동이 쉽게
이루어지는 기술

― 자신을 꽃피울 수 있는 단계 이동

나의 감정이나 생각을
세상에 내놓는다

SNS에 씨를 뿌린다

자, 여기까지 워크를 통해 나온 것들이 많습니다.

이것들을 안에 묻어둬서는 무기로 활용할 수 없습니다. 앞서 말한 것처럼 사용을 해야만 처음으로 무기가 되는 것이니까요.

그런데 갑자기 사용하라고 말해도 어려울 것이고, 각자 자기 안에서 정리가 되지 않았을지도 모릅니다.

그런 사람들에게 일단 이것부터 시작하라고 추천하는 방

법이 있습니다.

바로 '씨를 뿌리는 것'입니다.

일단 내 안에 있는 것들을 마치 민들레 솜털을 날리듯이 세상에 뿌려야 합니다.

'저는 이런 것을 생각하고 있습니다.'

'저는 이런 경험을 해왔고, 이런 계획과 하고 싶은 것이 있습니다.'

'그 경험은 이렇게 활용할 수 있을 것 같습니다.'

뭐든지 다 좋습니다. 일단 먼저 꺼내야 합니다.

내 안에 있는 소중한 것을 세상에 내놓으면 눈앞에 조금씩 길이 보이기 시작합니다. 그 길이 내가 꽃피울 거리이며 이상의 단계로 통하는 길입니다.

앞서 '기한을 공개적으로 말하면 때가 가까워진다'고 했는데 그것과 마찬가지입니다. 생각이나 무기를 바깥으로 꺼내면(공개적으로 말하면) 이상의 단계가 가까워집니다.

그렇다면 어떻게 세상에 내놓을 수 있을까요? 우선 내 머릿속이나 마음속에 있는 생각과 계획을 보이는 형태로 만들어야 합니다.

그림이든 음악이든 말이든 다 좋습니다. 나 자신이나 다른 사람에게 보이는 형태로 만듭니다.

그리고 그것을 세상에 공개하는 것.

세상으로 내보내는 채널은 여러 가지가 있습니다.

- 트위터
- 페이스북
- 인스타그램
- 블로그
- 유튜브
- 클럽하우스
- 라디오 앱

종류가 너무 많아서 무엇을 사용하면 좋을지 묻는 질문도 자주 받지만, 자신의 서비스나 목적에 따라 적당한 것을 고르라고 대답합니다.

뭐든 좋습니다. 지금은 무료로 사용할 수 있는 편리한 툴이 많기 때문에 자신이 직감적으로 마음에 들거나, 관심이 있거나 익숙한 것으로 일단 시작해 보기 바랍니다.

자신의 '무기'로 씨를 뿌린다

①자신의 '무기'를 발견하여 선택한다

할 수 있는 것

누구에게?

무엇을?

어떻게?

얼마에?

②서비스를 생각하고 결정한다

③정보를 제공한다

페이스북

인스타그램

메일 매거진

유튜브

기타 블로그,
트위터,
클럽하우스,
라디오 앱

'알려지긴 싫다'와 같은 상황의 대처법

'지인들에게는 알려지는 게 싫다.'

'페이스북은 친구나 회사 사람들과 이어져 있기 때문에 갑자기 여기서 시작하면 사람들이 이상하게 생각할지도 모른다.'

이렇게 씨뿌리기에 대해 불안해하는 사람이 많습니다.

특히 페이스북 친구는 아는 사람이 대부분인 경우가 많아서 저도 이런 상담을 다수 받아왔습니다.

그런 클라이언트에게 무리해서 페이스북을 사용하라고는 권하지 않습니다.

중요한 것은 자신이 거리낌 없이 자신의 언어나 세계관을 표현할 수 있어야 한다는 것입니다.

그렇기 때문에 이런 경우는 인스타그램 등 지인과는 크게 연결되지 않은 다른 SNS를 추천합니다.

혹시 다른 SNS에도 지인이 많다면 다른 계정을 만들면 됩니다. 아무도 모르는 계정을 새로 만들어서 그곳에서 상쾌한 기분으로 마음껏 씨뿌리기를 시작하는 것입니다.

'그런데 역시 사람들이 아는 건 싫어'라고 느낀다면 다음 방법을 추천합니다.

- 사업용 이름을 사용한다
- 얼굴을 공개하지 않는다

이렇게 하면 완벽하게 들키지 않습니다. 특히 회사에는 비밀로 하고 지금부터 일을 시작하기 위한 씨를 뿌리고 싶은 사람에게 추천하는 방법입니다.

사업용 이름을 생각할 때 '예전부터 팬이었던 사람의 성을 사용해 볼까'라든지, '어차피 바꾸는 거면 멋진 이름으로 하자'라고 신이 나는 사람도 많죠(웃음).

그리고 가장 중요한 것은 이것입니다.

내가 하는 것, 하려는 것을 설사 지인들이 알게 되더라도 응원해 줄 사람이 더 많다는 것입니다.

저도 오랜 시간 블로그를 쓰고 있지만 페이스북도 이용하기 때문에, 전 직장 동료나 상사뿐만 아니라 고등학교나 중학교 동창생들과도 친구로 연결되어 있습니다.

결국 쭉 이어져 있는 사람들, 혹은 쭉 지켜봐 주는 사람들은 응원해 주는 사람들입니다. 반면에 그러지 않는 사람들과는 자연스럽게 관계가 끊어집니다.

물론 '뭐 하는 거야?' 하고 비판적인 눈으로 보는 사람도 있겠죠.

하지만 그런 사람들은 여러분이 앞으로 가려고 하는 이상의 단계에는 없는 사람들 아닌가요?

그러니까 그런 인간관계는 끊어내야 합니다(웃음). '지금까지 고마웠어' 하고 마음속으로 말하고 가만히 멀어지면 됩니다.

매일 꾸준히 하지 않아도 괜찮아!

씨뿌리기를 시작해도 매일 꾸준히 하지 못하는 것 때문에 우울해하는 사람도 있습니다. 그 전에 이미 '어차피 매일 하는 건 무리니까'라고 처음부터 포기하고, '그러니까 안 할래'라고 생각하는 사람도 있습니다.

끝없이 펼쳐지는 수많은 기회가 있는데 아깝다는 생각이

듭니다. 저도 사업을 재정비할 때 날마다 메일 매거진을 쓰려고 결심했습니다. 그런데 솔직히 쉬운 일은 아닙니다.

하지만 아주 조금이라도 '꽃피운 나'를 만나고 싶어서 매일 꾸준히 썼습니다.

그렇지만 바쁜 사람이 날마다 블로그를 쓰거나 페이스북을 업데이트하는 것은 굉장히 어려운 일이죠. 이런 경우는 무리하지 않는 것이 좋습니다.

역시 인생의 정오가 되면 무리하는 게 점점 통하지 않습니다.

적절한 휴식은 일을 하는 데 가장 중요한 과제입니다. 저역시 신경 쓰는 부분이기 때문에 클라이언트에게도 잘 쉬라고 항상 강조합니다. 기분 좋게 계속하기 위해서도 무리는 금물입니다.

그래서 자신의 페이스를 정하고 씨뿌리기를 하는 것을 추천합니다.

왜냐하면 자신의 생각이나 계획을 알리는 것도 중요하지만, 그 전에 더 중요한 것이 있기 때문입니다.

바로 신뢰입니다.

사람이 무언가를 신뢰할 때는 그 자체가 안정되어 있는 것이 굉장히 중요합니다. 반대로 불안정한 것은 신뢰하기 어렵습니다.

만약 집을 살 때 집이 흔들거린다면 사지 않겠죠.

남성과 사귀거나 결혼할 때 그 남성이 직업을 계속 바꾼다면 곤란하겠죠.

감정 기복이 심하고 기분이 날씨처럼 변하는 사람과는 친구가 되기 어렵고, 언제 열릴지 모르는 가게에는 가지 않습니다.

우리가 하는 행동도 마찬가지입니다. 안정되어 있다는 것이 무척 중요합니다.

매일 계속하는 것이 어려운 사람은 자신의 페이스를 정해봅시다.

일주일에 두 번이라든지 세 번이라든지, 한 번도 좋습니다. '이 정도면 무리하지 않아도 할 수 있을 것 같아'라고 생각되는 페이스로 해나가면 됩니다.

그 경우도 가능하다면 요일과 시간을 정하면 좋습니다.

월, 수, 금 아침 7시에 블로그를 업데이트한다거나.

블로그에는 예약 발행 기능이 있기 때문에 시간이 있을 때

기사를 쓰고 업데이트를 예약해 두면 정해진 요일, 정해진 시간에 업데이트됩니다.

그렇게 페이스를 정해나갑니다. 그러면 그 씨뿌리기의 공간이 안정되어, 보러 오는 사람들에게 신뢰를 받게 됩니다.

당연히 가장 큰 신뢰는 매일 계속하는 것이겠죠. 하지만 처음에는 무리하지 않고 오래할 수 있는 방법을 먼저 생각해 봅니다.

단순하게,
스마트하게,
경쾌하게

'일단 해본다'가 열쇠

다양한 방법을 알려주면 바로 할 수 있는 사람과 좀처럼 하지 못하는 사람이 있습니다.

전자는 금방 단계가 바뀌지만, 후자는 좀처럼 변하지 못하고 계속 괴로워하는 상태에 머무릅니다.

전자와 후자의 차이는 '일단'이 되는지 아닌지입니다.

'일단 해본다'라고 생각할 수 있는 사람은 행동에 옮기는 것이 빠릅니다. 그렇게 생각하지 못하는 사람은 좀처럼 행동으로 옮기지 못합니다.

자전거 페달을 일단 한 번 밟으면 원래 있던 곳보다 앞으로 나아갑니다. 그런데 좀처럼 행동으로 옮기지 못하는 사람은 자전거에 올라탄 채 페달을 밟으려고 하지 않는 것과 같습니다. 어쩌면 자전거에 올라타는 것조차 망설일지도 모르겠습니다(웃음).

자전거도 처음 탈 때는 잘 타지 못하죠. 하지만 어느샌가 잘 타게 됩니다.

이와 마찬가지로 어떤 일도 실제로 해보지 않으면 잘할 수 없습니다. 그리고 그 방법이 나에게 맞는 건지 아닌지도 모릅니다.

하지만 일단 해보면 풍경이 점점 변합니다. 보이는 것, 느낄 수 있는 것이 변합니다.

단계라는 것은 그렇게 변해가는 것입니다.

그룹 컨설팅을 받았을 당시에 동료들에게 "유코 씨는 행동이 빨라"라는 말을 들은 적이 있습니다. 조언을 받은 것은 일단 해보자고 바로 결심했기 때문입니다.

'어차피 지금의 내 머리로는 생각해도 모를 테니까' 하고 여겼기 때문이기도 합니다만(웃음).

넘을 수 없는 허들은 눈앞에 나타나지 않는다고 하는데 실제로도 그렇습니다.

사람들에게 "해보면 어때?"라는 말을 듣는 것도 그렇지만, 자신의 머릿속이나 마음속에 떠오르는 것도 마찬가지입니다. 떠올랐다는 것은 '하면 되는 것'이라고 생각하기 때문에 일단 해보는 걸로 정했습니다.

에도 시대 요네자와번의 번주 우에스기 요잔의 유명한 말 중에 '하면 된다. 하지 않으면 아무것도 안 된다'라는 말이 있죠.

생각만 하고 행동을 하지 않으면 절대 결과를 얻을 수 없습니다. 즉 해보지 않으면 아무것도 시작되지 않습니다. 이런 말을 좌우명으로 삼는 기업 경영자들도 많습니다.

무언가를 이뤄낸 사람들은 일단 뭔가를 하고 있습니다.

행동하면서 생각한다

일단 행동하기 시작하면 물론 불가능한 벽이나 어려운 일과 마주치기도 합니다. 실패하는 일도 많이 있습니다.

저도 누구도 읽지 않고 사라져간 블로그와 메일 매거진의 글이 수없이 많습니다. 모집 글을 올려도 한 사람도 신청하지 않아서 취소 수수료만 내고 끝난 강좌도 많습니다.

하지만 그렇게 실패를 하다 보면 그때마다 방식을 바꿀 수 있습니다.

저는 생각보다 행동하는 타입이기 때문에, 실패의 횟수도 다른 사람보다 훨씬 많을 것이라 자부합니다. 실패의 횟수가 많은 것을 자랑하는 것이 이상할지도 모르겠지만(웃음), 실패의 횟수가 많으면 좋은 점도 있습니다.

바로 경험치가 쌓이는 것입니다.

경험치는 그대로 무기가 됩니다.

다시 말하면 무기가 적은 사람은 경험치가 낮은 것입니다.

실패를 두려워한 나머지 이것저것 시뮬레이션만 하다가 점점 행동하기 어려워지는 사람도 있지만, 사실 그 시뮬레이션은 지금의 경험치를 가진 내가 하는 것입니다. 그렇기 때문에 굉장히 작은 규모의 시뮬레이션이 됩니다.

그 작은 규모로 아무리 면밀하게 시뮬레이션을 한다고 해도 답 같은 것은 나오지 않습니다.

진짜 정답은 스스로 몸을 움직여 경험을 쌓는 과정에서만 발견할 수 있습니다.

나를 어떻게 꽃피울 수 있을지는 오직 나만이 알 수 있습니다.

그러니까 직접 행동해 보는 길밖에 없습니다.

행동은 가벼워도 상관없습니다. 무거운 한 발은 움직임까지 무겁게 만드니까요.

행동하지 못할 때는
어떻게 할까?

실패한 경험은 누군가를 구할 씨앗이 된다

한때 저는 블로그를 하면 고객이 찾아올 것이라고 생각했습니다. 기사를 하나 쓰면 바로 신청이 들어오겠지 하고 말이죠.

당연히 그런 일은 일어나지 않았고(웃음), 몇 개의 기사를 업데이트해도 고객은 한 명도 오지 않았습니다. 지금 생각해보면 부끄러운 이야기죠.

이렇게 실패한 경험은 이 이외에도 또 있습니다.

일이 조금도 풀리지 않던 저는 '시즈오카 같은 촌에 있으니까 안 되는 거야. 도쿄로 진출하면 어떨까' 하고 생각하기 시작했습니다.

이때는 지방에서 도시로 진출하는 것이 조그만 유행이었습니다. 잘나가는 사람이 다음으로 가는 단계처럼 보였고, 이를 노리고 활동하는 사람이 더 눈에 띄었습니다.

그걸 보고 '나도'라고 생각한 거죠(쓴웃음).

이때 같이 사업을 하자는 친구의 제안을 계기로 얼마 남지 않은 저금을 다 털고 빚까지 내서 도쿄로 진출했습니다.

친구는 빚은 안 내겠다고 했기 때문에 제가 빌린 돈의 일부를 친구에게 빌려주고 둘이서 사업을 시작했습니다.

꽤 열심히 했지만 전혀 잘되지 않았습니다.

덤으로 그 친구는 저에게 돈도 갚지 않고 슬그머니 사업에서 손을 뗐습니다. 한참 후에 돈을 돌려받긴 했지만, 당연히 친구 관계는 끝이 났습니다.

결과적으로 제게 남은 것은 빚뿐이었습니다.

하지만 그것도 좋은 경험이라고 생각합니다. 왜냐하면 전부 '소재'가 되기 때문입니다.

이런 이야기를 일이 잘 풀리지 않아서 행동이 무거워진 클라이언트에게 말하면 "유코 씨에게도 그런 시절이 있었어요? 용기가 나네요" 하고 말하곤 합니다.

과거에 실패하거나 잘되지 않은 경험이 조금이라도 누군가를 구할 수 있다면 아픈 경험을 한 보람이 있는 것이죠.

그래서 클라이언트들에게 자주 말합니다.

"실패한 경험은 언젠가 '소재'가 됩니다. 언젠가 누군가에게 용기와 희망의 씨앗이 됩니다."

저 역시 다양한 사람의 실패담에서 용기를 얻었습니다.

책 출판을 목표로 할 때도 《귀여운 채로 연봉 1000만 엔》의 저자 미야모토 요시미 씨의 첫 번째 책 출판이 결정되기까지의 이야기에서 용기를 얻었습니다.

최근에는 블로그에 글을 썼더니 출판사에서 연락이 왔다는 이야기를 자주 듣게 되는데, 제 블로그는 출판사의 눈에 띌 정도로 방문자 수가 많지 않았기 때문에 그런 이야기는 전혀 참고가 되지 않았습니다(웃음).

미야모토 씨는 직접 출판사에 연락을 해서 몇 번씩이나 거절을 당했으면서도 결국 출판이라는 꿈을 이루고 베스트셀러 작가가 된 분입니다.

그래서 그렇게 되기까지의 이야기는 출판을 하고 싶은 저에게 큰 힘이 되었습니다. 저의 출판도 언젠가 그렇게 누군가에게 힘이 되었으면 좋겠습니다.

지금은 잘나가는 저 사람에게도 반드시 '처음'은 있었습니다.

저는 항상 이 부분을 보려고 합니다.

지금의 나와 그 사람 사이에는 굉장히 큰 차이가 있는 것처럼 느껴지지만, 그 사람의 '처음'을 눈여겨보면 지금의 나처럼 일이 잘 풀리지 않은 시기도 있었고 촌스럽게 일하던 시기도 있었습니다.

누군가의 그런 시기의 이야기를 자신의 용기와 희망으로 바꿀 수 있는 사람에게는 지금 겪고 있는 그 잘되지 않는 일을 '소재' 또는 '씨앗'으로 쓸 수 있는 때가 반드시 찾아옵니다.

일이 잘 안 풀려서 몸과 마음이 무거워졌을 때는 꼭 이 사실을 떠올려 보길 바랍니다.

그리고 이 전부를 이야깃거리로 삼고, 다시 가볍게 한 발을 내딛어 수많은 씨앗을 뿌리는 것입니다.

다른 사람들이 즐거워하는 일을 해본다

나의 무기를 일로 연결할 때도, 씨앗을 뿌릴 때도 '이것'을 기억하고 있으면 단계를 가볍게 바꿀 수 있습니다.

'이것'은 바로 '다른 사람들이 즐거워하는 일'입니다.

블로그에 쓸 이야기가 아무것도 떠오르지 않는다는 상담을 자주 받게 되는데, 그럴 때 제가 추천하는 방법은 '사람 소개'입니다.

'A 씨라는 사람에게 이런 이야기를 들었는데 정말 좋았다!', 'B 씨가 주최한 강좌에 참가하니까 이런 걸 할 수 있게 됐다!' 등등.

이런 식으로 사람을 소개하면 소개된 사람은 단순히 기쁠 것입니다. 그리고 '이렇게 소개되었습니다!' 하고 반대로 나를 소개해 주는 일도 종종 있습니다.

나보다 영향력이 있는 사람에게 소개를 받아 많은 사람들이 나를 알게 된 경험은 저에게도 적잖게 있습니다.

그렇다고 해서 그것을 목적으로 소개하는 것은 아니지 않나 생각합니다(웃음). 순수하게 예전부터 멋지거나 좋다고 생각하던 사람이나, 나에게 좋은 영향을 끼친 사람을 솔직하게 소개하는 것입니다.

저도 때때로 누군가가 소개해 주는 경우가 있는데, 역시 굉장히 기분 좋은 일입니다.

다른 사람이 나를 어떻게 생각하는지 알 수 있는 기회가 좀처럼 없기 때문에 굉장히 감사하게 생각합니다.

게다가 소개된 상대만 기쁜 것이 아닙니다. '좋은 사람을 소개해 줘서 감사합니다!', '이렇게 멋진 사람이 있는지 몰랐어요!' 하고 전혀 다른 사람이 기뻐하는 경우도 굉장히 많습니다.

그리고 소개하는 것은 사람만이 아닙니다.

내가 사용해 보고 좋았던 제품이나 재미있게 읽었던 책 등도 마찬가지입니다.

내가 좋다고 생각한 것은 계속 공유해 나가기 바랍니다. 그렇게 하면 선순환이 일어납니다.

사람들이 즐거워하는 일은 이 이외에도 많습니다.

- 웃으며 큰 목소리로 인사한다
- 상대방의 이야기를 가만히 귀 기울여 듣는다
- 가족의 식사 준비를 평소보다 신경 써서 한다
- 편의점에서 잔돈을 받으면 기부통에 넣는다
- 택배기사에게 항상 고맙다고 인사한다

이렇게 자신의 에너지를 조금씩 다른 사람들을 즐겁게 만드는 쪽으로 전환할 수 있습니다.

어렵게 생각할 필요는 없습니다. 내가 '이렇게 해주면 기분이 좋을 텐데, 기쁠 텐데……' 하고 생각하는 일을 그대로 다른 사람에게 해주면 됩니다.

이것만으로도 단계는 놀라울 정도로 간단하게 바뀝니다.

자, 여러분이 지금 당장이라도 할 수 있는 '다른 사람들이 즐거워하는 일'은 무엇입니까?

다른 사람의 기쁨을 형태로 만들어보는 워크

'이렇게 하면 그 사람이 기뻐하겠지'라고 생각하는 일을
10가지 써봅니다.

아무것도 떠오르지 않는 사람은 '다른 사람 때문에 내가
기뻤던 일'을 써봅니다.

진짜 편안함을
추구하자!

가짜 편안함에 속지 말자

코칭을 배우던 시절에 '가짜 편안함'이라는 것에 대해서
알게 되었습니다.

전문용어로 컴퍼트 존comfort zone이라고 하는데, 저는 주로
'마음 편한 공간'이라고 말합니다.

이 '마음 편한 공간'은 지금까지와 다르지 않은 생활을 할
수 있는 익숙한 장소입니다. 오히려 지루하다고 느끼기도 하

지만, 모험만 하지 않는다면 계속 그곳에서 마음 편하게 살수 있다고 착각하는 장소입니다.

예전의 저에게는 '공무원으로 있을 수 있는 곳'이 그랬습니다.

이미 10년 이상 일하던 곳으로 직장 분위기도, 인간관계도, 일 자체도, 통근길도 익숙했습니다.

아침에 집을 나서는 시간도, 퇴근하는 시간도, 수입도 잘알기 때문에 이런 느낌으로 살 수 있을 것이라고 조금도 불안을 느끼지 않았습니다.

그렇지만 여기서 한 발이라도 나오려고 하면 그 순간 불안이 엄습해 옵니다. 그리고 '역시 지금 이대로가 좋을지도……'라는 생각이 듭니다.

저에게는 그 한 발이 공무원을 그만두고 도전하는 것이었습니다. 하지만 불안하고 무서워서 하지 못했습니다.

그때 '마음 편한 공간'의 존재를 알고 생각했습니다. '여기서 느끼는 편안한 마음은 가짜다'라는 생각이 든 것이죠.

사실은 거기에서 나와 더 많이 경험하고 싶은데, 그쪽이더 성장할 수 있는 길이라는 것을 알고 있는데, 가짜 편안함에 속아 '불안'을 발동시킨 것입니다.

그리고 그 장소에 머물기 위해 '부모가 걱정하니까', '모두가 반대하니까'라고 그럴듯한 이유를 붙여서 '그러니까 여기에 있는 게 가장 좋아'라고 스스로를 설득했습니다.

그런 경우가 여러분에게도 있지 않나요?

사람에 따라서는 회사가 아니라 결혼 생활이나 싱글 생활이 그럴 수도 있습니다.

하지만 지금의 공간에서 조금이라도 위화감을 느꼈다면 한 번쯤 의심해 보세요.

어쩌면 여기는 진짜로 마음이 편한 공간이 아닐지도 모른다고.

그리고 미지의 세계로 나아갈 때 불안은 항상 따르기 마련이라는 사실도 잊지 마세요. 그 불안에 사로잡혀 과거의 저처럼 그럴듯한 '하지 않는 이유'를 증거를 수집하듯 모으는 사람도 굉장히 많으니까요.

인생의 오후에는 진짜 편안한 마음을 느껴보길 바랍니다.

다음 장에서는 진짜 편안함을 느낄 수 있는 방법에 대해서 소개하겠습니다.

5장

마음 편한 생활로
인생을 꽃피워 나간다

생활 방식을 바꾸는 단계 이동

가까운 사람들의 응원이
우리의 단계를 바꾼다

모든 여성은 노력과 협력이 있으면 빛날 수 있다

저는 항상 '가족의 응원을 받는 일'을 제안합니다.

아무리 해보고 싶은 일이 있다고 해도 자신의 기반(있을 곳)
이 흔들리면 잘될 일도 잘되지 않고, 잘된다 하더라도 전혀
행복하지 않다는 생각이 들기 때문입니다.

저는 싱글로 살던 시절에는 자력으로 살아가는 싱글라이
프를 위해 무서운 기세로 달렸습니다. 머리를 흩날리며 열

심히 살았습니다. 당연히 그 누구에게도 싫은 소리를 들을 이유는 없었죠.

그렇지만 가정을 가진 지금 그렇게 산다면 가족에게 민폐가 될 수도 있고, 결혼하지 않았어도 그렇게 보기 좋은 모습은 아닐 수 있습니다.

저는 인연이 되어 함께하기로 한 남편이 제 일을 진심으로 응원해 줬으면 좋겠습니다. 가족을 위해서도 그렇지만, 다른 누구도 아닌 저를 위해서이기도 합니다.

기분 좋게 일할 수 있으면 훨씬 더 좋으니까요.

그렇게 진심으로 안심할 수 있는 상태로 아무런 걱정 없이 마음껏 일해서 내가 할 수 있는 일로 다른 사람에게 도움이 되고 싶다고 생각합니다.

이와 동시에 이를 위한 노력도 아낌없이 쌓아가야 합니다.

'모든 여성은 노력과 협력이 있으면 빛날 수 있다.'

어느 책에서 본 한 구절입니다.

'협력'이라는 것은 다양한 기관이나 조직의 협력도 있겠지만, 가장 필요한 것은 가장 가까운 곳의 협력이라고 생각합니다.

그곳에 자신의 기반이 있기 때문입니다.

특히 여성은 맡은 역할이 많고, 솔직히 일만 하고 있을 수 없을 정도로 해야 할 일이 많습니다. 그래서 집안일을 자기 일처럼 해줄 가족의 현실적인 협력도 꼭 필요한 시대입니다.

그 응원과 아낌없는 협력은 여성에게 천군만마가 됩니다.

만약 여러분에게 이런 환경이 갖추어져 있다면 어떨까요?

안심하고 아무런 걱정 없이 자신의 능력을 펼칠 수 있지 않을까요? 자신의 기반이 되는 곳이 엄청난 지원군의 에너지로 채워지니까요.

이렇게 되면 뭐든지 다 할 수 있다는 생각이 듭니다.

그리고 몇 살이 되어도 반짝반짝 빛날 수 있다고 생각하게 됩니다.

뭐든 다 혼자 짊어지고 열심히 노력하는 시대는 이제 끝났습니다.

시대가 바뀌고 노력의 방향성도 변했습니다.

만약 우리가 노력한다면 '주위에서 진심 어린 협력을 얻기 위한 노력'을 해야 합니다.

자신의 기반을 천군만마로 채우고 마음 편한 환경에서 점점 자신을 꽃피워 갑시다.

주위의 협력을 얻을 수 있는 추천 방법

제가 클라이언트에게 추천하는 방법을 소개하겠습니다.

그것은 "네 덕분이야"라는 말로 감사의 마음을 전하는 것입니다.

파트너는 물론 부모, 자식, 상사, 동료, 친구 등 누구에게나 쉽게 쓸 수 있는 방법입니다.

제 경우라면 순조롭게 일을 할 수 있는 것은 업무를 지원해 주는 비서와 직원들 덕분입니다. 그래서 "○○ 씨 덕분에 기분 좋게 강의가 끝났어, 고마워!", "○○ 씨가 있는 것만으로도 안심이 돼. 항상 고마워!"라고 말하는 것이죠.

메일 매거진에도 '읽어주신 여러분 덕분에……'라든지 '여러분이 응원해 주신 덕분에……'라고 자주 쓰는데, 그렇게 하면 구독자들이 진정으로 응원해 줍니다.

그리고 저에게 가장 가까운 사람인 남편에게도 "가즈(남편의 애칭) 씨 덕분이야"라는 말을 자주 하려고 합니다.

이 책의 출판이 결정된 것도 "가즈 씨 덕분".

좋은 고객만 찾아오는 것도 "가즈 씨 덕분".

고객과 남편은 언뜻 생각하면 아무런 관계도 없어 보이고, 좋은 고객이 찾아오는 것은 제가 열심히 한 결과라고 생각하는 사람이 있을지도 모릅니다.

분명 제가 좋은 고객들을 많이 만나게 되는 것은 제가 기분 좋게 일하기 때문입니다. 그렇지만 기분 좋게 일하거나 걱정 없이 일에 매진할 수 있는 것은 저를 이해해 주고 하루하루를 함께 걸어가는 남편이 있기 때문입니다.

제 클라이언트의 남편들도 전부 아낌없이 지원하고 응원해 주는 사람들뿐입니다. 그것은 그녀들도 "당신 덕분"이라고 말하기 때문입니다.

이렇게 가장 가까운 사람의 협력을 얻게 되면 일에 집중할 수 있는 분들이 많습니다. 그 결과, 새로운 일이 펼쳐지거나 사람들 사이에 입소문이 나서 수입이 완전히 달라지는 일도 종종 있습니다.

크게 뛰어오를 수 있는 것은 발밑을 잘 다져두었기 때문입니다.

그렇기 때문에 "당신 덕분"이라고 전하는 것입니다.

어쩌면 의심스럽게 생각하거나, 내가 기대하는 반응이 없을지도 모릅니다.

그러나 조금씩 확실하게 상대방의 마음속에 축적됩니다.

그리고 내가 아무렇지도 않게 "당신 덕분"이라고 말할 수 있게 되었을 때쯤에는 어느샌가 아낌없는 응원과 협력을 받고 있을 것입니다.

그러니까 생각만 하지 말고 일이 있을 때마다 항상 고마운 마음을 전해봅니다.

편안한 생활이
편안한 단계를 만든다

편안함을 한번 의심해 본다

이상의 단계라는 것은 아직 '미래'의 일입니다.

그 미래는 일상이 쌓여서 만들어지는 것이기 때문에 일상, 즉 하루하루의 생활이 편하지 않으면 마음 편한 단계가 만들어지지 않습니다.

그런데 자신에게 어떤 것이 마음이 편한지 모르면 편안한 생활이 가능할 리 없습니다.

저는 예전에 마음 편한 생활에 대해서 착각을 하고 있었는데, 그 이야기를 해보겠습니다.

굉장히 자주 하는 착각 중 하나가 '마음 편한 생활 = 깨끗하게 정리된 집'입니다.

딱 필요한 최소한의 것만 집에 두는, 깨끗하게 정리된 집이라면 어느 정도 마음이 편하고 쾌적하다고 생각하기 쉽습니다.

예전의 저도 이런 생각으로 2인용 소파와 작은 테이블만 덩그러니 놓인 횡한 집에서 산 적이 있습니다. 그리고 그 상태를 유지하려고 정리도 열심히 했습니다.

열심히 하는 시점에서 이미 마음이 편하지 않지만 정리 붐을 타고 '이것이 마음 편한 생활이다'라고 의심도 하지 않았습니다. 착각이란 그런 것이죠(웃음).

하지만 제가 행복하고 마음이 편한 공간은 사실 이것과 다르다는 사실을 후에 깨달았습니다.

사실은 어느 정도의 온기가 있는 가구와 가족 수보다 조금 더 많은 쿠션, 크고 작은 식물, 관상용 디스플레이가 있는 패브릭 느낌의 집에서 마음이 편해집니다.

사람에 따라서는 깔끔하게 정리된 방보다 다소 물건이 어질러진 방에서 안정감을 느끼는 사람도 있습니다. 하지만 정리하지 않으면 안 된다고 굳게 믿고 있는 사람이 많은 것 같습니다.

내 마음이 편한 데에 좋고 나쁨은 없습니다. 정답도 오답도 없습니다.

그러니까 지금 내가 마음이 편하다고 느끼는 감정을 한번 의심해 보세요.

'진짜는 어떻지?' 하고 말이죠.

내 마음이 편한지 아닌지 알려면 '물건'을 한번 직시해 보는 것도 하나의 추천 방법입니다.

사실은 마음에 들지 않는 답례품으로 받은 식기 같은 걸 아직 가지고 있지 않나요?(웃음)

예전부터 있었으니까 아무 생각 없이 계속 쓰고 있는 물건 같은 건 없나요?

이런 물건을 하나씩 보다 보면 특별히 마음에 들지도 않는데 그냥 가지고 있거나 쓰던 것이 의외로 꽤 있다는 사실을 깨닫습니다.

그런 물건을 마음에 드는 것으로 조금씩 바꿔가는 것입니다.

그렇게 하면 자연스럽게 내 취향의 마음 편한 생활을 할 수 있습니다.

사는 곳도, 업무도 바꿀 수 있다

주거환경은 또 어떨까요?

사는 곳을 바꾼다는 것이 사람에 따라서는 아주 큰일이 될 수도 있지만, 집이 거기에 있다고 해서 그 장소에 얽매이는 것은 시대착오적인 생각일지도 모릅니다.

'이상의 단계에 있는 나는 어떤 곳에서 살고 있을까?'라고 생각했을 때, 지금과는 다른 환경이 떠오른다면 언젠가는 지금 있는 장소를 떠날 날이 올지도 모른다는 뜻입니다.

그래서 마음이 편한 환경에 대해서도 곰곰이 생각을 해 봅니다.

실제로 저의 비서로 일하는 시라카와 아키코 씨도 사는 환경에 변화를 줘서 일과 마음의 단계를 바꾼 사람 중 하나입니다.

시라카와 씨에게는 도쿄 도내에서 근무하는 남편과 초등학생인 두 명의 자녀가 있습니다. 자가였던 맨션을 매각하고 도내에서 가마쿠라로 이사를 했습니다. 도내에서 살았을 때는 편리성과 효율성을 추구하여 집안일도 다른 사람에게 맡기고 자신만의 시간을 많이 가졌습니다.

그런데 가마쿠라로 이사한 후로는 자연과 신사나 불당 가까이서 눈에 보이지 않는 역사와 문화를 느끼며, 전보다 더 안정된 상태로 식사도 신경 써서 만들고 가족들과의 시간도 소중하게 생각하게 되었습니다.

옆에 있는 사람이 봐도 바로 보이는 알기 쉬운 변화였습니다(웃음).

그렇게 되자 일도 억지로 열심히 하지 않아도 술술 잘 풀려서 수입도 늘고, 일의 방향성도 바뀌었습니다.

'사람들 앞에 서서 무엇을 하기보다 누군가의 일을 뒤에서 지원하는 매니저 같은 위치가 마음이 편하다'라고 자신이 잘하는 일과 하고 싶은 일을 한층 더 잘 알게 되었다고 합니다.

그래서 저와 같은 사업가를 뒤에서 지원하는 어시스턴트 관련 직종으로 바꿔서 지금은 거절도 해야 할 만큼 의뢰가 끊이지 않는 상황입니다.

물론 가족과 함께 살면 자신이 마음 편한 것만 추구할 수 없는 상황도 생깁니다.

저도 남편과 살고 있지만, 서로 취향이 갈리는 경우도 있습니다. 그럴 때는 두 사람에게 더 좋은 것을 찾습니다.

그렇게 마음이 편하고 즐거운 것을 같이 찾는 시간을 가지는 것 또한 마음 편한 생활을 만드는 비결이라고 생각합니다.

하지만 어쨌든 일단은 내 마음이 중요합니다. 자신이 어떨 때 마음이 편한지 모른다면 가족 전원에게 좋은 것이 무엇인지도 찾지 못합니다.

그러니까 우선은 내가 마음이 편하고 기분 좋은 것부터 생각해 봅니다.

추천하는 방법은 인테리어 잡지나 인스타그램 등에서 '아, 이런 거 좋다!' 하고 생각되는 사진을 모으거나, 그런 사진을 남는 시간에 매일 들여다보는 것입니다.

그러면 내 마음이 편하고 즐거운 생활이 무엇인지 점점 알게 됩니다.

나의 존재 방식은
내가 결정한다

곤란할 때, 고민이 있을 때 돌아갈 곳을 만든다

힘든 일이나 고민되는 일은 앞으로도 사라지지 않습니다.

이렇게 생각했을 때 제가 절대로 되기 싫은 것은 어려움이나 고민 속에 있는 사람입니다.

그렇게 되면 고민 때문에 방황하면서 피해의식에 사로잡혀 자기긍정감이 낮아집니다.

그런 '비극적인 히로인'이 되고 싶지는 않습니다.

그렇게 되지 않으려면 어디로 돌아가야 할까요?

그곳은 바로 '이상의 단계에 있는 나'입니다.

내가 나인 것은 틀림없지만 지금의 나보다 크게 성장한 나, 지금 '이렇게 되고 싶다'고 생각하는 것을 모두 이룬 나입니다.

1장에서 이미지로 그려본 나로 돌아가서 그 모습으로 지금 내가 가진 고민과 어려움을 바라보는 것입니다.

'이상의 단계에 있는 나라면 이 문제를 어떻게 볼까?', '그때의 나라면 어떻게 할까?' 하고 말이죠.

'일어나는 일 중에 쓸데없는 것은 없다'고 하는데, 저도 과거를 돌아보면 쓸데없는 일은 하나도 없었다는 생각이 듭니다.

여러분은 어떤가요?

미래의 나의 시점에서 지금 일어나는 일을 바라봅니다.

이상적인 미래에 있는 나에게 지금 내 눈앞에서 일어나는 일은 모두 과거의 일.

'이 경험을 극복했기 때문에 이 단계에 설 수 있었어'라고 생각하면 지금 눈앞에서 일어나는 일에서도 어떤 의미를 발견할 수 있을 것입니다.

'이상의 단계에 있는 나'를 그려보고,
'그때의 나라면 어떻게 할까?'라고 생각해 본다.

자신에 대한 신뢰

주위에서 아낌없는 협력을 얻고 마음 편한 생활을 하게 되면 일에 집중할 수 있는 환경, 새로운 만남, 수입 이외에도 얻을 수 있는 것이 있습니다.

그것은 바로 '자신에 대한 신뢰'입니다.

자신이 없다고 말하는 사람은 자신을 완전히 신뢰하지 못합니다.

뭔가 멋진 일을 해내거나 어떤 목표를 달성하면 그때 자신감이 생긴다고 생각하는 사람이 굉장히 많지만, 사실은 그렇지 않습니다.

만일 뭔가 큰일을 해낸다면 그때는 자신감을 얻게 되겠죠. 하지만 그것은 점점 과거의 일이 되어갑니다. 그러면 다시 자신감이 사라집니다.

마음속 깊은 곳에서 나오는 자신감은 뭔가 한 가지를 해냈을 때 순간적으로 얻어지는 것이 아니라 계속적으로 축적되는 것입니다.

현관 청소를 매일 하거나, 매일 아침 일찍 일어나는 것처럼 아주 작은 일이라도 좋습니다.

딱 한 가지라도 좋으니 매일 계속하는 무언가가 있다면 그것이 자신감으로 축적되어, 곧 흔들리지 않는 자신에 대한 신뢰로 이어집니다.

1장에서도 이야기했지만, 저는 사업을 다시 시작했을 때 메일 매거진을 날마다 쓰겠다고 결심했습니다.

어쨌든 매일매일 컴퓨터 앞에 앉아 끙끙거리며 문장을 썼습니다. 만족스러운 문장이 써지지 않아 시간이 지나버려 메일을 보내지 못한 날도 있었지만, 날마다 구독자에게 보낼 수 있도록 문장을 계속 썼습니다.

이것을 3년 정도 했더니 문장에 대해서 칭찬받는 일도 많아지고 알려달라는 말도 듣게 되어, '글쓰기 강좌'를 개최한 적도 있습니다.

지금도 창업에 대해서 이야기할 때 '여성의 마음을 확 사로잡는 문장 기술'을 소개합니다.

그리고 이렇게 책을 내게 되었습니다.

그때의 결정이 지금의 나를 만들었습니다.

문장 쓰는 것은 원래 좋아했기 때문에 계속 할 수 있었는지도 모릅니다.

그렇기 때문에 어떤 작은 일이라도 좋으니, 다른 것보다 좋아하거나 해보고 싶은 것을 하나 정해서 꾸준히 해보면 좋습니다.

어쩌면 이미 매일 하고 있는 일이 있는데 너무 당연해져서 깨닫지 못하는 사람이 있을지도 모릅니다. 그런 사람은 꼭 자신의 일상 속에 무엇이 있는지 주의 깊게 살펴보길 바랍니다.

그것이 나에 대한 흔들리지 않는 신뢰가 되어 축이 묵직하게 세워지고, 지금보다 더 큰 힘을 낼 수 있게 될 것입니다.

과거의 내가
응원해 준다

예전에 이런 말을 들은 적이 있습니다.

'단계가 변하려고 할 때, 과거의 내가 응원해 준다.'

이 말을 들었을 때는 솔직히 얼른 이해가 되질 않았습니다.
하지만 지금은 뼈저리게 느끼고 있습니다.

뭘 하고 싶은지도 몰랐고 어떤 사람도 되지 못했던 저는
이럴 수는 없다고 공무원을 그만두고 사업에 도전했습니다.

하지만 안이한 생각도 있었던 탓에 잘 풀리지 않는 날이 이어져 힘든 적도 많았습니다.

그렇지만 초조해하면서도 한 발, 또 한 발, 작게 한 발씩 내딛어 온 제가 지금까지 이어진 길을 만들었다고 생각합니다.

'이렇게 되고 싶어'라고 하면 무슨 소리를 하냐며 비웃는 경우도 있었습니다.

또 '이런 걸 하고 싶어'라고 하면 그런 건 무리라고 살아가는 게 얼마나 힘들고 어려운 일인지 가르치려 드는 경우도 있었습니다.

그래도 풀이 죽지 않았던 저에게 '나'를 포기하지 않아서 고맙다고 말하고 싶습니다.

여러분도 똑같습니다.

여러분을 진심으로 응원해 주는 사람은 다른 누구도 아닌 과거의 여러분입니다.

그리고 지금의 나도 내일은 '과거의 나'가 됩니다.

내일, 과거가 되어 있을 '오늘의 나'는 무엇을 해야 할까요?

더 이상 나에게 거짓말을 하고 싶진 않아.
그런 당신이 한 발 내딛을 수 있는 힌트가
이 책이 될 수 있길 바라며.

끝까지 읽어주셔서 감사합니다.

저는 많은 책에서 큰 용기와 희망을 얻었습니다.

그래서 이 책이 '나를 포기하고 싶지 않다'고 생각하면서
도 자신의 힘이 약소하다고 느끼는 누군가의 용기와 희망이
되면 좋겠습니다.

이 책을 통해 독자 여러분이 조금 더 용기를 내고 희망을 가
지게 되었다면 이 책은 역할을 다했다고 생각합니다.

저에게 책을 쓴다는 것은 꿈을 꾸는 것처럼 특별한 단계에
서 있는 것입니다. 그 단계에 오르게 해준 청춘출판사 여러
분에게 진심으로 감사드립니다.

초보 저자의 서투른 원고를 몇 번이나 읽어주신 편집자 가노 씨, 작가의 자세에 대해서 알려준 오이시 아키코 씨에게 이 자리를 빌려 감사의 말을 전합니다.

그리고 첫 출판을 하면서 많이 도와준 저의 유능한 브레인 비서 시라카와 아키코 씨, 구라카 씨, 아야코 씨, 사나에 씨, 유코 씨, 항상 정말 고마워요! 클라이언트 여러분과 많은 동료들에게도 진심으로 감사합니다.

그리고 남편 가즈 씨와 반려견 텐짱, 지금은 무지개다리를 건넌 하나짱의 존재가 저의 하루하루를 행복하게 만들어줬기 때문에 이 책이 세상에 나오게 되었습니다. 고맙습니다.

그리고 무엇보다 이 책을 읽어주신 독자 여러분께 감사의 말을 전합니다. '나를 포기하지 않은' 여러분과 언젠가 이야기를 나눌 수 있는 날이 왔으면 좋겠습니다.

유일무이한 여러분의 인생이 최고의 단계로 갈 수 있기를. 그리고 더 반짝반짝 빛날 수 있기를.

나카야마 유코

변화는 절대 그냥 찾아오지 않는다. 취직을 하고 싶다면 인터넷으로 회사를 찾아야 하고 친구가 사귀고 싶다면 모임에라도 나가서 장점을 어필해야 한다. 이 당연한 사실을 우리는 어쩌면 망각하고 있는지도 모른다. 그러는 사이에 꿈꾸는 이상만 높아지고, 현실은 점점 힘들어지는 것이다. 특히 나이가 들고 어느 정도 경험이 쌓이면 오히려 더 이 현실에서 벗어나기 어렵다.

하지만 사람들은 한편에서 나에게도 어떤 가능성이 남아있지는 않을까 하고 흔들리고 고민한다. 이 책은 그런 사람들을 위한 책이다. 그런데 저자는 지금 하는 일을 당장 그만두고 다른 일에 뛰어들라고 말하지 않는다. 오히려 지금까지 자기가 해온 일을 하나하나 되짚어 보고, 거기서 자신이 활용할 수 있는 무기를 찾으라고 한다. 이것이 이 책의 가장 큰 장점일 것이다.

이 책의 저자 나카야마 유코는 남들이 다 부러워하는 공무원 직업을 그만두고, 수많은 실패를 경험하면서도 포기하지 않고 창업 컨설턴트로 성공한 사람이다. 안정된 직업인 공무원을 그만두는 것 자체만으로도 큰 용기가 필요한데 그 후로도 유학, 사업, 결혼 등 계속 도전해 나간다. 그리고 이렇게 자신을 포기하지 않고 꾸준히 도전하여 실제 경험으로 알게 된 모든 것을 이 책에서 털어놓는다.

친구와 동업을 하다가 사업이 망한 것도 모자라 친구관계까지 끝나 버린 경험, 돈도 직업도 다 잃고 어쩔 수 없이 본가로 들어가게 된 경험, 개최하려고 한 세미나에 신청자가 한 사람도 없었던 경험, 뭐가 중요한지도 모르고 성공한 사람들의 화려한 면만 따라 하다가 실패한 경험 등등. 이런 경험이 있었기 때문에 지금의 자신이 있다고 저자는 단언한다. 이런 쓰라린 경험을 공유하며 우리는 나만 그런 것이 아니라는 안도감을 느끼고, 또 변화한 저자의 모습을 떠올리며 용기를 얻는다.

이 책을 번역하면서 많은 생각을 했지만, 가장 크게 마음 속에 남은 메시지는 다음의 두 가지다. 첫 번째는 '언젠가'

와 '곧'은 죽어도 오지 않는다는 것이다. '바쁜 일이 어느 정도 끝나면', '조금 더 마음의 준비가 되면' 하고 이런저런 이유를 갖다 붙이며 미뤄온 일은 누구에게나 있을 것이다. 물론 나 역시 그런 일이 적지 않다. 이런 일에는 기한을 정해볼 것! '일단'이라는 조건이 붙어도 좋으니 무조건 숫자로 표시해 보는 것이다.

그리고 두 번째는 내가 가고 싶은 '이상'의 단계도 중요하지만 그 단계로 가려면 '일상'을 성실하게 살아내야 한다는 메시지다. 저자의 말처럼 이상을 꿈꾸는 일은 정말 멋지고 중요하지만, 이상만 있다면 현실에서 아무런 변화도 일어나지 않는다. 아니, 어쩌면 더 나빠질 수도 있다. 반대로 일상에만 매몰되어도 아무런 변화를 느끼지 못할 것이다. 여기서 저자가 제안하는 비율은 일상 80퍼센트, 이상 20퍼센트다. 이상을 꿈꾸면서도 현실을 직시하고 일상을 하루하루 쌓아가는 것이다. 할 수 없는 일을 탓하며 허송세월을 보내는 것이 아니라, 할 수 있는 일을 조그만 것이라도 좋으니 매일매일 하는 것이 중요하다.

어쩌면 당연한 말을 한다고 생각할지도 모르겠지만, 과거에 이런 일을 하지 않은 나와 '나'를 포기하지 않고 변화를 만들어낸 지금의 나의 대비를 확실하게 보여주는 저자의 글 때문에 설득력이 높아진다. 그래서 내 인생은 이대로 끝나 버릴 거라고 인생을 반 정도 포기한 사람, 한 번 사는 인생인데도 한 번도 내 삶이 뜨거웠던 적이 없다고 느끼는 사람, 나에게도 뭔가 가능성이 있을 것 같은데 그것이 뭔지 잘 모르겠다는 사람이라면 꼭 이 책을 읽어봤으면 좋겠다.

이 책은 '하지 않는 것들'에 대한 후회로 이야기가 시작된다. '도전했으면 좋았을걸'이라는 후회다. 우리는 당연히 아무도 오늘 내가 죽을 것이라고 생각하지 않기 때문에 하고 싶은 일이 있어도 미룬다. 하지만 오늘 내가 죽는다는 생각을 한번 해보면 지금 당장 해야 할 일이 떠오를 것이다. [워크타임 1]의 페이지를 펴고 자신의 마음을 확인했다면 저자의 레시피에 따라 하나둘 해야 할 일을 실행에 옮겨보자. '언젠가', '곧'은 죽어도 그냥은 오지 않을 테니까.

이현욱

나는 '나'를 포기하지 않기로 했다

초판 1쇄 인쇄 | 2022년 2월 10일
초판 1쇄 발행 | 2022년 2월 15일

지은이 | 나카야마 유코
옮긴이 | 이현옥
펴낸이 | 윤세민
편집주간 | 강경수
물류지원 | 이주완
디자인 | 디자인 감7
펴낸곳 | 산솔미디어

등록번호 | 제406-2019-000036호
주소 | 경기도 파주시 재두루미길 150, 3층(신촌동)
　　　(서울사무소)서울시 마포구 월드컵북로5길 65(서교동), 주원빌딩 201호
전화 | 02-3143-2660　팩스 | 02-3143-2667
이메일 | sansolmedia@naver.com

ISBN 979-11-968053-7-1　03190

■ 잘못된 책은 구입하신 서점에서 교환해 드립니다.
　책값은 뒤표지에 있습니다.